조선의 왕은 어떤 음식을 먹었을까

# 왕의 병을 고친
# 수라간 건강 음식

양향자 · 장동민 지음

아카데미북

**양향자** www.wfcc.or.kr

현재(現在) 사단법인 세계음식문화연구원 이사장, 양향자 요리 & 코디 학원장, 농림수산식품부 한식 세계화 포럼 위원, 신흥대학 외식조리학과 교수, 중국 산동성 상업직업관리대학 객원교수, 청도 주점관리대학 객원교수, 중국 산동성 여유대학 객원교수, 사단법인 한국언론인연합회 자문위원, 남부대학교 푸드디자인과 교수, 일본 가와구치학교 객원교수.

고려대학교 대학원에서 식품가공학석사 학위를 취득했으며, 이탈리아ICIF요리학교 졸업, 숙명여대 디자인대학원 테이블 데코레이션과 수료, 연세대학교 언론홍보대학원 수료, 단국대학교 문화 최고위과정 수료, 고려대학교 정책대학원을 수료했다. 농림부 베스트5 식품 심사 위원, 농심 면요리 경연 대회 심사 위원장, 농림부 한브랜드 한식 추진 위원을 지냈다. 2003년에 기아극복행사 〈세계식문화체험전〉, 2005~2007년에 서울 국제 푸드 & 테이블 웨어 박람회, 2005~2007년에는 서울과 중국 산동성에서 〈한·중 식문화 교류체험전〉을 주관하는 등 다양한 식문화 행사를 개최함으로써 한국의 식문화를 세계에 알리고, 교류의 장을 넓히는 데 힘쓰고 있다. 2005년 문화관광부장관 공로 표창, 2006 농림부장관(농림 정책 우수) 표창을 받았다.

SBS《잘먹고 잘사는 법》, MBC《생방송 투데이》, EBS《행복의 오솔길》, 경제 TV《양향자의 헬스 & 푸드》, K-TV《양향자의 푸드 아트》등을 비롯하여 방송 출연 횟수가 4,200여 회에 이르며, 잡지와 신문에 700여 건이 넘는 칼럼을 기고했다. 집필한 책으로 《세계 음식 문화 투어 전집》(전5권), 《건강 다이어트 요리 50선》, 《푸드 코디네이터 길라잡이》, 《북한 요리 따라하기》, 《전문 요리 실무집》, 《한식 요리집(동영상)》, 《한식 요리집(중국어 번역판)》, 《조리사 실무(한·양·중·일식편)》, 《색감으로 먹는 슈퍼칼라푸드》등 여러 권이 있다.

**장동민** www.okskyland.com

현재(現在) 하늘땅한의원 원장, 서울시한의사회 홍보이사, 동대문구한의사회 부회장, 대한한의사회 홍보위원, 한의자연요법학회 이사, 사상체질의학회 정회원, 현동학당 종신회원, 청구학회 정회원, 한의고전연구회 정회원.

경희대학교 한의학과를 졸업하고 같은 학교 대학원에서 사상체질의학과 석사 학위를 받았다. 김인범한의원 부원장, 경성한의원 원장을 지냈다. 도시 빈민 진료 봉사 모임인 〈넓은마당〉과 〈상계넓은마당〉에서 봉사 활동을 했으며, 경희대학교 통신동호회(KHU) 의료게시판지기, 천주교회 답십리본당 여름캠프, 동대문구 한의사회 순회 무료 진료 봉사 및 서울시경찰청기동대 진료 봉사 등 다수의 활동을 해 왔다.

SBS TV《행복찾기》, EBS TV《행복의 오솔길》, I-TV《장동민의 마법의 성》, KBS TV《뉴스광장》, 《세상의 아침》, MBC TV《정보토크 팔방미인》, 《생방송 오늘아침》, 한방건강 TV《897한방건강상담》, 일본 후지 TV 인터뷰 등 다수의 방송에 출연했으며, 《대한매일신문》, 《한방과 건강》등의 신문과 잡지에 칼럼을 게재했고, 《내일신문》, 《조세신보》에 건강 칼럼을 연재 중이다.

집필한 책으로《왕처럼 먹고 왕처럼 살아라》(청아출판사), 《사상의학 바로알기》(살림출판사) 등이 있다.

---

조선의 왕은 어떤 음식을 먹었을까?
## 왕의 병을 고친 수라간 건강 음식

**지은이** 양향자 · 장동민
**펴낸이** 양동현
**펴낸곳** 도서출판 아카데미북
　　　136-034, 서울 성북구 동소문동4가 124-2
　　　Tel 02-927-2345  Fax 02-927-3199

**초판 1쇄 인쇄** 2008년 7월 10일
**초판 1쇄 발행** 2008년 7월 20일

ⓒ 양향자 · 장동민, 2008

ISBN 978-89-5681-087-4 / 13570

* 지은이와의 약속에 의해 인지는 붙이지 않습니다.
* 잘못 만들어진 책은 구입한 곳에서 바꾸어 드립니다.

www.academy-book.co.kr

## 머리말

### 역사에 바탕을 둔 정말 필요한 건강 요리 책을 선보이며

옛말에 '즐겁게 식사하는 것이 건강의 비결이다.'라는 말이 있듯이 몸에 맞는 음식을 선택하고 영양을 섭취하는 것이야말로 삶의 활력소이자 원천이라고 할 수 있다.

요즘에는 워낙 다양한 요리가 소개되고 있고, 음식 또한 퓨전화되어 그 종류가 천차만별이라 할 수 있다. 그런데 세계의 다양한 음식만 소개되는 것이 아니라 우리의 전통에 기반을 둔 식문화 역시 주목을 받고 있다. 최고의 인기 드라마《대장금》과《허준》을 보더라도 우리의 음식 문화가 얼마나 과학적이고 풍부했는지를 알 수 있다. 특히 궁중에서 왕의 건강 관리는 한약 처방과 아울러 음식에 큰 비중을 두었다.

《조선왕조실록(朝鮮王朝實錄)》에 나와 있는 의녀(醫女) 대장금과 명의(名醫) 허준은 내의원과 수라간의 관계를 나타내는 상징적인 인물이다. 약선 요리로 통칭되는 이런 음식들이 영양과 계절에 따라 질 좋은 재료로 만들어져 우리 식탁에 오른다면 우리 시대 최고의 요리가 될 것이다.

음식과 함께 살아온 나의 인생은 남에게 솜씨를 전수하는 일에 만족하기보다 항상 새롭고 더 나은 방법을 찾는 도전의 연속이었다. 다행히 이번에 필자가 그동안 독자들에게 권하고 싶었던 약선 요리를 주제로 한 정통 실용서를 발간하게 되었다. 세상에는 무수히 많은 음식이 있지만, 그중에서도 맛과 영양, 건강 효과가 뛰어난 음식을 골라 남녀노소를 불문하고 도움이 될 수 있는 내용으로 구성하였다. 이 책에 실린 음식 재료는 조선의 역대 왕께서 취하신 건강식과 식재료에서 선택했음을 밝혀 둔다. 특히 질병과 건강 상태에 따라 적용되는 한약과 음식을 함께 하게 된 장동민 원장은 EBS TV 프로그램인《행복의 오솔길》에서 인연이 닿은 분으로, 귀중한 조언을 받았다. 내의원으로서 명확한 처방전을 주신 원장님께 감사드린다.

아울러 이 책의 구성에서부터 촬영, 편집, 출판에 협조해 주신 한 분 한 분께 깊은 감사의 뜻을 표한다.

2008년 7월, 양향자

## 머리말

'약식동원(藥食同源)'의 원칙에 충실히 따른 궁중의 한약 처방과 음식 처방을 대중에게 알려 모든 분들이 건강한 세상을 바라며

옛날 궁중의 건강 관리는 매우 신중하게 실시되었고, 의료와 건강을 담당하는 내의원과 음식 보양을 담당하는 수라간의 관계는 무척이나 친밀하고 밀접했던 것으로 알려져 있다. 아마도 수라간과 내의원을 모두 오갔던 '대장금'이라는 인물이 TV드라마의 주인공으로 선정되었던 이유도 여기에 있을 것이다. 비록 실제 허준과 대장금이라는 두 인물이 생존했던 시기는 많은 차이가 나지만, 우리의 한의학을 집대성하여 지평을 넓힌 의성 '허준'과, 《조선왕조실록》에 유일하게 이름이 실린 의녀 '대장금'의 이미지는 내의원과 수라간을 상징하고도 남음이 있다.

실제 《조선왕조실록》을 보면 왕의 건강 관리에 대한 한약 처방뿐만 아니라 음식에 관한 것이 많이 나온다. 이는 '약식동원(藥食同源)'이라는 원칙에 충실히 따랐음을 보여주는 것이다. 일상에서 흔히 먹는 음식의 경우에도 각각 그 성질과 효능이 다르다는 것을 생각한다면, 병자가 먹을 음식이나, 특정 질병이 없다 하더라도 장기적으로 상복할 음식이라면 마땅히 전문가인 한의사와 상의할 필요가 있을 것이다. 옛날 궁중에서도 왕의 음식을 준비하는 수라간과 의학을 담당하는 내의원이 긴밀한 관계를 유지했던 것은 바로 이러한 이유에서 비롯되었다고 할 수 있다.

이렇게 한약과 음식은 그 뿌리가 같고, 단지 그 성질과 효능의 강도에서 차이가 나는 것임을 알 수 있으며, 뒤집어 생각해 보면 한약과 관련된 수많은 유언비어들이 엉터리임을 알 수 있다. 대표적인 예로 '한약을 먹으면 간이 나빠진다'는 말을 들 수 있다. 그렇다면 간질환 환자는 아무 음식도 먹지 말고 굶어야 한다는 말과 같다. 현재 먹는 음식이 비교적 성질이 약한 한약이라 할 수 있기 때문에, 밥을 먹으면 먹을수록 간이 나빠진다는 말과 같은 의미가 된다. 또한 암 환자가 한약을 먹으면 암세포가 더 빨리 자란다는 말도 허구임을 알 수 있다. 특히 아기나 자신에게 해로울 수 있기 때문에 양약을 쓰지 못하는 임산부의 경우에는 오히려 한약이 필수적이라 할 수 있겠다.

그동안 한의사로 일하면서 《조선왕조실록》에 나와 있는, 왕의 질병과 건강 상태에 따라 적용되는 한약 처방과 음식 처방을 일반인에게도 알릴 수 있다면 좋겠다는 생각을 가지고 있었다. 그런데 우연한 만남으로 시작된 인연이 이렇게 서로의 전공을 한껏 살려 책까지 출간하게 되었으니 기

쁘기 그지없다. '내의원과 수라간의 만남'이라는 주제 하에, 조선시대 왕의 건강 음식을 현대인에게 알맞은 음식으로 변모시켜 누구나 쉽게 접할 수 있도록 해 주신 원장님께 다시 한 번 감사를 드린다.

또한 《조선왕조실록》을 접할 수 있도록 원문과 번역본을 제공해 주신 〈국사편찬위원회〉와 〈민족문화추진회〉에 깊은 감사를 드리며, 필자에게 한문의 눈을 뜨게 해 주신 겸산 소재진 선생님과 동의보감의 눈을 열어 주신 현동 김공빈 선생님, 그리고 사상체질 의학을 지도해 주신 성천 송일병 교수님께 고개 숙여 깊은 감사의 인사를 전한다.

끝으로 세 살배기 연우를 돌보느라 바쁜 와중에도 틈틈이 조선왕조실록 원문을 정리하고 편집해 준 아내 김지수에게 따로 이 고마움과 애정을 표한다.

한의사, 하늘땅한의원장 장동민

## 차 례

**10 제1대 태조 — 포도**
가슴이 답답하여 속열이 생기고 갈증이 나는 사람에게 좋은 포도
포도송편 / 포도샐러드 / 포도소스메밀면

**16 제2대 정종 — 대추**
마음속 번민으로 인한 불면증 해소에 도움이 되는 대추
대추채쇠고기말이 / 대추과일채밀쌈 / 대추정과

**22 제3대 태종 — 계피**
풍사가 원인이 되어 생긴 어깨통증에 좋은 계피
계피쿠키 / 계피삼겹살구이 / 계피유자원소병

**28 제4대 세종 — 죽순(대나무)**
운동 부족으로 인한 갈증과 심혈을 식혀 주는 죽순
댓잎삼겹살찜 / 죽순쇠고깃자채 / 죽순버섯조림

**34 제5대 문종 — 두부**
열이 상부로 올라가는 체질의 개선에 좋은 두부
두부탕수 / 두부닭가슴살스테이크 / 두부시금치무침

**40 제6대 단종 — 육류**
비위를 강화하여 발육 부진을 개선해 주는 육류
돼지고기두루치기 / 단호박돼지갈비찜 / 찹스테이크

**46 제7대 세조 — 해바라기씨**
신경을 안정시키고 어혈을 푸는 데 좋은 해바라기씨
해바라기씨멸치강정 / 해바라기씨죽 / 해바라기씨경단

**52 제8대 예종 — 장어 · 오가피**
양기를 북돋워 다리 질환 개선에 도움이 되는 장어와 오가피
장어볶음 / 장어구이 / 오가피백숙

**58 제9대 성종 — 오미자**
서병을 다스리고 면역력을 키워 주는 오미자
오미자약식 / 오미자양갱 / 오미자화채

**64 제10대 연산군 — 복분자**
양기를 보하는 복분자
복분자오이냉국 / 복분자칼국수 / 복분자구절판

70     **제11대 중종 — 쇠고기**
　　　냉기의 침입으로 인한 풍한증을 다스리는 쇠고기
　　　쇠고기안심편채 / 쇠고기채소비후까스 / 쇠고기완자장조림

76     **제12대 인종 — 매실**
　　　피로 누적으로 생긴 해수천식 치료에 쓰이는 매실
　　　매실미역무침 / 매실해물냉채 / 매실소스샐러드

82     **제13대 명종 — 오이**
　　　인체의 정화 능력을 키워 노폐물 배출을 도와주는 오이
　　　오이돗단배샐러드 / 오이피클 / 오이선

88     **제14대 선조 — 밤**
　　　비위를 튼튼하게 하여 위장의 활동을 왕성하게 하는 밤
　　　밤채삼색밀쌈 / 밤전 / 밤경단

94     **제15대 광해군 — 돼지고기 · 상추**
　　　잇몸을 강화하고 신장과 뼈를 강화시켜 주는 돼지고기와 상추
　　　녹차돼지고기보쌈 / 오삼불고기 / 매운돼지갈비찜

100    **제16대 인조 — 양파**
　　　기혈 순환을 도와 독소와 노폐물을 제거해 주는 양파
　　　양파호두볶음 / 양파간장피클 / 양파찜

106    **제17대 효종 — 붕어와 고사리**
　　　해독 작용이 뛰어나 종기 치료에 좋은 고사리
　　　고사리붕어찜 / 고사리스파게티 / 고사리빙떡

112    **제18대 현종 — 냉이**
　　　간을 다스려 눈을 맑게 하고 열을 식혀 주는 냉이
　　　냉이무침 / 냉이해물파전 / 냉이돼지고기강정

118    **제19대 숙종 — 녹차**
　　　기혈 순환을 도와 비만증의 치료에 좋은 녹차
　　　녹차튀김 / 녹차해물전 / 녹차드레싱샐러드

124    **제20대 경종 — 알로에**
　　　체열이 높고 대변이 불통되기 쉬운 소양인 체질에 좋은 알로에
　　　알로에크로켓 / 알로에샐러드 / 알로에감자전

130    제21대 영조 — 우유
        뱃속을 따뜻하게 데워 양기를 북돋워 주는 우유
        타락죽 / 우유수제비 / 우유카레

136    제22대 정조 — 석류
        음양의 조화가 깨져 생기는 허열과 갱년기증후군에 좋은 석류
        석류샐러드 / 석류젤리 / 석류인삼물김치

142    제23대 순조 — 연자
        육체적·정신적 피로를 풀고 기력을 회복하는 데 좋은 연자
        연자육차 / 연자육경단 / 연근죽

148    제24대 헌종 — 감귤
        허약해진 위장의 기운을 보강시켜 소화력을 회복해 주는 감귤
        감귤팬케이크 / 귤조림크레이프 / 귤컵샐러드

154    제25대 철종 — 버섯
        비위 기능을 돋우어 소화가 잘되게 해 주는 버섯
        버섯잡채 / 버섯탕수 / 버섯브로콜리볶음

160    제26대 고종 — 칡
        얼굴의 풍열증과 몸의 가려움증을 치료하는 데 좋은 칡
        칡전 / 칡묵무침 / 칡비프케밥

166    제27대 순종 — 잉어·팥
        노폐물과 독을 몰아내고 각기를 치료하는 잉어와 팥
        잉어미역국 / 잉어찜 / 동지팥죽

172    제장조(사도세자) — 연근
        몸속 노폐물을 제거하는 해독 작용이 뛰어난 연근
        연근조림 / 연근전 / 대추밤과일샐러드

조선의 왕들은 어떤 음식을 먹었을까

# 왕의 병을 고친
# 수라간 건강 음식

## 가슴이 답답하여 속열이 생기고 갈증이 나는 사람에게 좋은 포도

# 제1대 태조

생몰 연도 : 1335~1408년 / 재위 기간 : 1392~1398

태조 이성계는 1335년 함경남도 영흥에서 출생하여 장수가 된 뒤로 30여 년 동안(1356~1388년) 단 한 번도 패하지 않았던 맹장이었다. 1388년에 조선을 세우고 각종 법전의 편찬과 숭유억불 정책, 토지개혁 등으로 새 왕조의 초석을 튼튼하게 다졌지만 두 차례에 걸친 왕자의 난으로 인해 노년의 인생은 그리 편안하지만은 않았다. 둘째아들 방원(태종)이 왕위에 오르고 태조는 태상왕이 되어 함흥에 머물렀는데, 아들 태종이 문안 차사를 보낼 때마다 가차없이 죽여 버렸다. 떠난 사람이 소식 없이 돌아올 줄을 모른다는 의미의 '함흥차사(咸興差使)'라는 말은 여기서 생겨난 말이다. 태조의 상심과 분노가 깊었음을 보여 주는 단적인 예라 할 수 있다.

## 조선왕조실록 엿보기

### 임금이 수정포도를 먹고 싶어했는데 경력 김정준이 바치다

— 태조 7년 무인(1398, 홍무 31) 9월 1일(계유)

임금이 수정 포도(水精葡萄)를 먹고 싶어하여, 조순(曹恂)을 명하여 세자와 여러 왕자에게 교지를 전하였다. "나는 아버지가 계시지 않으므로 영자(影子)를 그려서 사모(思慕)하게 되는데, 내가 비록 쇠약하나 아직 숨이 붙어 있으니 너희들은 다행한 편이다. 지금 병이 오래 낫지 아니하여 수정포도를 먹고자 한다." 세자와 여러 왕자들이 모두 소리를 높여 울면서 즉시 상림원사(上林園史) 한간(韓幹)에게 명하여 유후사(留後司)와 기내 좌도(畿內左道)에 널리 구하였는데, 경력(經歷) 김정준(金廷雋)이 산포도가 서리를 맞아 반쯤 익은 것을 한 상자를 가지고 와서 바치니, 임금이 크게 기뻐하였다. [上思食水精蒲萄, 命曹恂傳旨世子及諸王子曰: "予則無父, 圖畵影子, 以寄思慕. 予雖衰憊, 尙有氣息, 爾等幸矣. 今也疾彌留, 欲食水精蒲萄." 世子及諸王子皆號泣, 卽令上林園史韓幹, 旁求于留後司及畿內左道. 經歷金廷雋齎山蒲萄經霜半熟者一箱以進, 上大悅.]

# 한간이 수정포도를 바치다. 왕의 병이 이로부터 회복되다

— 태조 7년 무인(1398, 홍무 31) 9월 3일(을해)

한간이 수정포도를 구해 와서 바치므로, 임금이 매우 기뻐하여 쌀 10석을 내려 주었다. 임금이 매양 목이 마를 적에 한두 개를 맛보니, 병이 이로부터 회복되었다. [韓幹得水精蒲萄來獻, 上喜甚, 賜米十石. 上每喉渴, 嘗一二箇, 疾自此康復.]

## 내의원 진단

태조가 간절히 원하여 질병 치유의 목적으로 복용했던 포도는 '성질이 따뜻하며 맛은 달고 시고 독성이 없다'고 기록되어 있다. 기혈을 보강시켜 몸과 마음을 튼튼하게 만드는 데 도움을 주며, 식욕과 진액 생성을 촉진하여 갈증을 멎게 하는 효능이 있다. 또한 소변을 잘 나가게 해 주어 부종과 임병을 치료하는 데 도움이 되기도 하며, 가슴속의 번거로움과 쓸모 없는 열을 식혀 주는 작용을 한다.

태조 이성계는 58세의 나이로 왕위에 오르기 전까지는 산과 들로 말을 달리며 외적과 싸우던 용맹한 장수였다. 그런데 왕위에 오르게 되자 시름시름 병을 앓기 시작했다고 전한다. 대자연을 거침없이 뛰어다니며 활발하게 전투를 지휘하던 장수가 구중궁궐 속에 갇혀 지내게 되었으니, 갑갑하고 답답한 마음에 속열이 생겼을 가능성은 충분히 생각해 볼 수 있다. 더욱이 두 차례에 걸친 '왕자의 난'으로 피를 나눈 자식들이 골육상쟁하는 것을 보았으니 그 속이 얼마나 타들어 갔겠는가.

갈증에는 크게 두 가지 종류가 있다. 똑같이 목이 마른 증상이라 하더라도 목이 마를 때 물을 마셔서 해소되는 갈증이 있고, 아무리 물을 마셔도 해소되지 않는 갈증이 있다. 보통 갈증을 일으키는 원인을 화(火)와 열(熱)의 증상으로 보고, 실제로 수분을 부족하게 만든 실증(實證)의 경우에는 물을 마셔서 수분을 보충해 주면 해결되고, 진액이 부족해진 허증(虛證)의 경우에는 물을 마셔도 별로 도움이 되지 않는다. 이런 경우에는 화를 가라앉히고 진액을 보충해 주어야만 그 갈증이 해소된다. 따라서 가슴이 답답하여 속열이 생기고 갈증이 나는 사람은 포도와 같이 진액을 보충해 주는 음식을 이용하면 좋다.

## 수라간의 음식 처방 - 포도를 이용한 음식

### 포도송편 / 포도샐러드 / 포도소스메밀면

세상에서 가장 오래된 과일 가운데 하나인 포도는 싱싱한 과일로 인정받을 뿐만 아니라, 포도잼·포도즙·와인·포도씨유 등 건강 제품으로 다양하게 개발되고 있다. 포도에는 포도당과 과당이 함유되어 있어 피로 회복에 좋고, 다양한 유기산이 각종 질병의 원인이 되는 독소를 제거해 주며, 껍질 부분의 타닌 성분은 항암 효과가 있는 것으로 알려져 있다. 포도 껍질과 씨에 들어 있는 레스베라트롤(resveratrol) 성분은 항산화·항암·항염증 작용이 있어 질병을 예방하는 효과가 크다. 또 레스베라트롤은 콜레스테롤 저하 효과가 있어 심혈관 질환 예방에 도움이 되며, 포도주로 먹으면 이뇨 작용이 있어 부종 치료에 도움이 된다. 기혈이 허약하거나 폐가 약하고 기침이 날 때 뿌리와 덩굴, 잎을 끓여서 약용으로 쓰기도 한다. 하지만 위장병이나 궤양이 있는 사람은 포도 껍질이 부담을 줄 수 있고, 술에 약한 사람은 와인을 억지로 마시기보다는 포도 열매를 통째로 갈아 마시는 것이 좋다.

갈증 해소에 좋은 포도를 이용한 음식으로 포도송편, 포도샐러드, 포도소스메밀면 등을 권한다.

## 포도송편

| 재료 ● 4인분 |
|---|
| 포도주스·············1컵 |
| 쌀가루·············2컵 |
| 깐 밤·············5개 |
| 통깨·············1홉 |
| 꿀·············1작은술 |
| 소금·············1/2작은술 |
| 식용유·참기름·········적당량 |

**만드는 법**

1 포도 주스를 끓여서 쌀가루에 넣고 익반죽한다.
2 밤은 삶아 으깨고 통깨는 소금을 넣고 으깨어 꿀로 버무려서 송편 속을 만든다.
3 송편을 예쁘게 빚어 찜통에 찐다.
4 송편이 다 익으면 꺼내어 찬물에 담갔다가 건져 내어 식용유와 참기름을 섞은 것을 발라 그릇에 담는다.

# 포도샐러드

| 재료 ● 4인분 | 만드는 법 |

포도 · · · · · · · · · · · · · · · 5알(g)
키위 · · · · · · · · · · · · · · · 1/2개
토마토 · · · · · · · · · · · · · · · 1개
양상추 · · · · · · · · · · · · · · · 70g
소금 · · · · · · · · · · · · · · · 1작은술
＊소스(땅콩 · 잣 · 호박씨 · 식초 각 1큰술)

1 키위와 토마토는 반달 모양으로 썰고 포도는 2등분한다.
2 양상추는 먹기 좋은 크기로 뜯어 찬물에 담근다.
3 소스 재료를 믹서에 갈아 소스를 만든다.
4 접시에 준비해 놓은 과일과 양상추를 담고 소스를 뿌린다.

# 포도소스메밀면

## 재료 ● 4인분

- 메밀면 · · · · · · · · · · · · · · · · 200g
- 포도 · · · · · · · · · · · · · · · · · · 10알
- 칵테일새우 · · · · · · · · · · · 3마리
- 피망 · · · · · · · · · · · · · · · · · · 1/4개
- 양파 · · · · · · · · · · · · · · · · · · 1/3개
- 올리브유·설탕 · · · · · · · · · 2큰술
- 소금 · · · · · · · · · · · · · · · 1/2작은술
- 다진 마늘 · · · · · · · · · · 1/4작은술

## 만드는 법

1. 포도는 깨끗하게 씻어 씨만 발라 낸 뒤 믹서에 갈아 체에 거른다.
2. 새우는 내장을 빼고 흐르는 물에 씻어 준다. 피망과 양파는 곱게 채 썬다.
3. 달군 팬에 1과 다진 마늘, 소금, 설탕, 올리브유를 넣고 저으면서 익힌 뒤 2를 넣고 한번 더 익힌다.
4. 끓는 물에 면을 넣고 끓어오르면 찬물을 1컵 부은 뒤 다시 끓을 때까지 삶아 찬물에 씻어 물기를 뺀다.
5. 접시에 면을 담고 3의 소스를 뿌려 낸다.

## 맛있는 Tip

**메밀**

메밀은 칼슘과 마그네슘 함량이 높은 알칼리성 식품이다. 메밀의 알곡에는 무려 12~13%나 되는 단백질이 들어 있다. 라이신·트립토판·알기닌 등의 필수아미노산, 지방, 철분·인 등의 무기질과 비타민B1·B2도 비교적 많다. 종자와 잎줄기에도 항산화성플라보노이드 성분이 함유되어 있는데, 이는 모세혈관 강화 인자로서 잇몸출혈·당뇨·동맥경화·고혈압·암 등에 효과가 있다.

## 마음속 번민으로 인한 불면증 해소에 도움이 되는 대추

# 제2대 정종

생몰 연도 : 1357~1419 / 재위 기간 : 1399~1400

태조의 둘째아들로서, 고려 말 우왕 3년(1377년)에 아버지 이성계를 따라 지리산에서 왜구를 토벌하는 등 장수로서의 기개가 컸다. 조선 개국 후 영안군(永安君)에 봉해지고, 태조 7년(1398년) 제1차 왕자의 난 이후 아우 이방원의 영향력 아래에서 태조의 양위를 받아 왕위에 올랐다. 1400년 2월, 제2차 왕자의 난을 계기로 하여 아우 방원을 세제(世弟)로 책봉했고, 같은 해 11월 선위(禪位)했다. 그 뒤 상왕(上王)으로 인덕궁(仁德宮)에 거주하면서 격구·사냥·연희를 즐기며 유유자적한 생활을 하다가 63세의 나이로 일기를 마쳤다.

### 조선왕조실록 엿보기

### 경연(經筵)에서 조박에게 임금이 격구(擊毬)하는 것이 건강상 이유임을 말하다
— 정종 1년 기묘(1399, 건문 1) 1월 9일(경진)

경연에 나아가 강관(講官)에게 이르기를, "과인이 병이 있어 수족이 저리고 아프니, 때때로 격구를 하여 몸을 움직여서 기운을 통하게 하려고 한다." 하니, 지경연사(知經筵事) 조박(趙璞)이 말하기를, "기운을 통하게 하는 놀이라면 그만두시라 할 수 없습니다. 청하건대, 환시(宦侍)나 간사한 소인의 무리와는 함께 하지 마소서." 하니, 임금이 그렇게 여겼다. [御經筵. 謂講官曰: "寡人有疾, 手足酸痛. 或時擊毬, 欲以運身行氣也." 知經筵事趙璞曰: "行氣之戲, 雖不能已, 請勿與宦寺憸小之輩共之." 上然之.]

### 대사헌 조박에게 격구하는 까닭을 말하다
— 정종 1년 기묘(1399, 건문 1) 3월 13일(갑신)

대사헌에게 격구하는 까닭을 말하였는데, 임금이 조박에게 이르기를, "과인은 본래 병이 있어서, 잠저(潛邸) 때부터 밤이면 마음속으로 번민하여 자지 못하고, 새벽에야 잠이 들어 항상 늦게 일어났다. 그래서 여러 숙부와 형제들이 게으르다고 하였다. 즉위한 이래로 경계하고 삼가는 마음을 품어서 병이 있는 것을 알지 못하였는데, 근일에 다시 병이 생겨서 마음과 기운이 어둡고 나른하며, 피부가 날로 여위어진다. 또 내가 무관(武官)의 집에서 자랐기 때문에 산을 타고 물가에서 자며 말을 달리는 것이 습관이 되었으므로, 오래 들어앉아서 나가지 않으면 반드시 병이 생길 것이다. 그러므로 잠정적으로 격구 놀이를 하여 기운과 몸을 기르는 것이다." 하니, 조박이 그저 '예, 예' 만 하였다. [語大司憲以擊毬之故. 上謂趙璞曰: "寡人本有疾, 自潛邸, 夜則心煩不能寐, 及晨乃睡, 尋常晚起, 諸父昆弟, 謂予爲怠. 卽位以來, 心懷戒謹, 不知有疾, 近日更作, 心氣昏惰, 皮膚日? 且予生長武家, 山行水宿, 馳騁成習. 久居不出, 必生疾病, 故姑爲擊毬之? 以養氣體耳" 璞唯唯.]

## 내의원 진단

정종의 재위 기간은 매우 짧았다. 왕자의 난을 일으켜 친형제를 죽일 만큼 왕위에 집착하던 동생(태종)에게 일찌감치 왕위를 물려준 것이다. 소심한 정종은 왕위에 오르기 전에도 번민으로 잠을 설쳤으니, 왕위에 오르고 난 뒤에는 그야말로 가시방석에 앉은 기분이었을 것이다. 오죽하면 거짓 병을 이유로 들어 왕의 자리를 물려주었겠는가. 병을 핑계로 자리에서 물러난 정종은 오히려 퇴위 이후에 거의 20년을 더 살았다. 어린 시절, 소풍 전날밤이면 으레 잠을 설쳤던 기억이 있을 것이다. 행여 비라도 오면 어떡하나 하는 걱정에서부터 생각이 꼬리에 꼬리를 물고 일어나 밤을 지샌 기억이 있을 것이다. 물론 이렇게 즐거운 일로 잠 못 드는 경우에는 그나마 상황이 좋지만, 정종의 경우처럼 마음속 고민이나 신체의 통증으로 인해 잠을 이루지 못하면 몸과 마음이 매우 고통스러울 뿐더러, 숙면을 취하지 못함으로써 피로가 누적되어 2차적으로 몸의 기력이 떨어지기 쉽다. 더 나아가 너무 피곤해서 잠을 자고 싶은데도 아예 잠을 이루지 못하는 경우는 과로사의 전초 단계라고 볼 수 있다. 잠을 통해 피로를 회복하는 인체 고유의 자발적 회복 기능이 고장난 것을 의미한다. 불면증이 심한 경우에는 의사와 상의하여 신경안정제나 수면제를 사용하기도 하지만, 이런 약제는 습관성이 되기 쉽고 내성이 생겨 효과가 없어지므로 증상이 심할 때 보조 수단으로 잠시만 사용해야 한다. 가능한 낮잠을 자지 않도록 하고 가벼운 운동이나 산책을 통해 몸을 약간 피곤하게 만들어 주는 것도 좋다. 이밖에 대추차나 솔잎차 등은 마음을 편안하게 해 주는 한방차이므로 수시로 마시고, 산조인이나 용안육, 원지, 백자인 등의 약초를 차로 끓여 마시는 것도 좋은 방법이라 할 수 있다. 일시적인 불면증은 원인들을 치료·제거하면 정상적인 수면을 취할 수 있게 된다. 그러나 습관적으로 불면증이 반복되어 만성불면증이 되면, 적극적으로 치료해야 하는 경우도 많다.

## 수라간의 음식 처방 - 대추를 이용한 음식

### 대추채쇠고기말이 / 대추과일채밀쌈 / 대추정과

대추는 비타민과 탄수화물이 풍부하고 약재의 성분을 완충시켜 주는 효과가 있어 과일보다는 약으로 더 많이 인식되고 있다. 특히 각종 여성 질환에 탁월한 효과가 있으며, 여러 장기 중에서도 특히 소화기 계통을 편안하게 해 줌으로써 천식이나 아토피 증상을 완화시키는 데 도움을 준다. 대추에 있는 비타민류·식이섬유·플라보노이드·미네랄 등은 노화를 방지하는 동시에 항암 효과와 알레르기성 자반증을 치료하는 효과가 있고, 신경을 이완시켜 잠이 잘 오게 하는 성분이 있어 불면증 해소에 효과를 발휘한다.
불면증에 좋은 대추를 이용한 음식으로 대추채쇠고기말이, 대추정과, 대추과일채밀쌈 등을 권한다.

## 대추채쇠고기말이

**재료 ● 4인분**

- 쇠고기 ················· 200g
- 밤 ····················· 5개
- 대추 ···················· 10개
- 깻잎 ···················· 10장
- 소금, 후추 ············ 각 1작은술
- *소스(참기름 1큰술, 청주 1큰술, 간장 2큰술, 깨소금 약간)

**만드는 법**

1 쇠고기는 얇게 슬라이스한 다음 소금과 후추로 간하고, 소스를 만든다.
2 밤과 대추는 채 썬다.
3 1의 고기를 팬에 익힌다.
4 3의 고기에 밤, 대추, 깻잎을 넣어서 돌돌 만 다음 소스를 뿌려 낸다.

## 대추과일채밀쌈

| 재료 ● 4인분 |
|---|

대추 · · · · · · · · · · · · · · 5알
사과 · · · · · · · · · · · · · · 1개
미나리 · · · · · · · · · · · · · 50g
밀가루 · · · · · · · · · · · · · 1/2컵
녹차가루 · · · · · · · · · · · 1작은술
식용유 · · · · · · · · · · · · · 적당량
*레몬 소스(설탕 1큰술, 간장 1큰술, 레몬즙 1큰술)

| 만드는 법 |
|---|

1. 대추는 씨를 빼고 채 썬다.
2. 사과는 껍질을 벗긴 뒤 채 썰어 설탕에 재운다.
3. 미나리는 깨끗이 씻어서 채 썬다.
4. 밀가루에 녹차가루를 넣고 물을 부어 만든 반죽을 체에 내린 다음 팬에 기름을 두르고 살짝 닦아낸 뒤 약한 불에서 달구어 밀전병을 부친다. 기름을 적게 사용해야 맛이 개운하다.
5. 밀전병에 사과와 대추, 미나리를 넣어서 돌돌 만 뒤 접시에 담고 레몬 소스를 곁들인다.

| 맛있는 Tip |
|---|

**사과**

아침에 먹으면 금, 점심에 먹으면 은, 저녁에 먹으면 독이라는 이유는 사과에 함유된 산(acid) 때문이다. 비타민C와 무기질이 풍부한 사과는 잠에서 깨어나 활동을 시작하는 아침에 먹으면 위에 부담이 적어서 좋다는 뜻이고, 위장이 쉬는 밤에는 신맛이 나는 과일을 먹지 않는 것이 좋다는 뜻이다.

# 대추정과

| 재료 ● 4인분 |
|---|

대추·················200g
설탕·················200g
물··················200g
소금················1/2컵

| 만드는 법 |
|---|

1 대추는 깨끗이 씻는다.
2 설탕과 물은 동량으로 준비한 다음 냄비에 담고 끓인다.
3 끓기 시작하면 대추를 넣어서 약한 불에서 조리다가 오그라들면 소금을 약간 넣어서 저은 뒤 불을 끈다.

| 맛있는 Tip |
|---|

**정과**

과일 중에서 물기가 적은 것이나 도라지나 연근 등의 뿌리채소를 꿀이나 설탕물에 쫄깃쫄깃하게 조린 것. 한국의 다과상에 오르는 전통 음식 가운데 하나. 끈적끈적하게 만드는 진정과와, 수분없이 빳빳하게 먹는 건정과가 있다.

## 수라간의 음식 처방 - 계피를 이용한 음식

### 계피쿠키 / 계피삼겹살구이 / 계피유자원소병

계피는 관절염이나 갱년기 장애 등에 효과가 있고, 계피 기름은 방향성 건위 작용으로 타액 및 위액 분비를 촉진시켜 소화를 돕고 궤양을 억제시킨다. 소화불량·장염·식욕감퇴·설사병·초기 감기에 효과가 있고, 항방사능 작용 및 백혈구 수를 증가시키는 작용을 한다. 성질이 따뜻하고 독이 없는 약재로서, 하초가 허약하고 찬 증상에 좋다. 또한 온성으로 발한 작용을 하여 혈액순환을 촉진함으로써 마비 증상을 예방하고, 이뇨 작용을 하며 여성의 월경이 순조롭도록 도와준다. 그러나 임산부 및 출혈이 있는 사람은 신중해야 한다.

중풍 등에 좋은 강황(카레)과, 계피를 이용한 음식으로 계피쿠키, 계피삼겹살구이, 계피유자원소병 등을 권한다.

## 계피쿠키

### 재료 ● 4인분

* 쿠키(박력분 170g, 베이킹파우더 1/4작은술, 소금 1/4작은술, 흑설탕 60g, 설탕 30g, 버터 110g, 달걀 1개, 바닐라에센스 1/2작은술)
* 토핑(설탕 3큰술, 계피가루 1큰술)

### 만드는 법

1. 버터, 흑설탕, 설탕, 소금, 바닐라에센스, 달걀을 넣고 휘핑한다.
2. 밀가루, 베이킹파우더를 체에 내려서 넣고 알뜰주걱으로 1과 함께 섞는다.
3. 동그랗게 손으로 둥글려 만들고 토핑에 굴려 묻힌다.
4. 180℃로 예열한 오븐에서 15분간 굽는다. 다 구워지면 꺼내어 식혀서 낸다.

# 계피삼겹살구이

### 재료 ● 4인분

삼겹살 · · · · · · · · · · · · · · · · 300g
계피 · · · · · · · · · · · · · · · · · 2큰술
채소 · · · · · · · · · · · · · · · · · 100g
*소스(정향 1/2작은술, 팔각 3개, 통후추 1/2작은술, 간장 5큰술, 설탕 2큰술, 청주 2큰술, 맛술 2큰술, 사과 1/2개, 양파 1/4개, 대파 1/2뿌리, 마늘 4쪽)

### 만드는 법

1 소스 재료에 물을 넣고 푹 곤 뒤 식혀 둔다.
2 1의 소스에 삼겹살을 재워 팬에 굽는다.
3 계피 파우더를 뿌린다.
4 신선한 채소를 깨끗이 씻어서 쌈장과 함께 곁들인다.

# 계피유자원소병

### 재료 ● 4인분

| | |
|---|---|
| 찹쌀가루 | 1컵 |
| 유자청 | 3큰술 |
| 통계피 | 1개 |
| 생강 | 1톨 |
| 생강즙 | 1작은술 |
| 잣 | 5알 |
| 대추 | 2알 |

*소(다진 유자청 1큰술, 굵게 다진 호두와 잣 각 1/2큰술씩, 계피가루 약간)

### 만드는 법

1 냄비에 물 2컵과 통계피, 생강을 넣고 팔팔 끓인다.
2 분량의 소 재료를 한데 섞는다.
3 찹쌀가루에 생강즙과 뜨거운 물을 약간 부어 익반죽한다.
4 반죽은 수제비보다 되직하게 한다. 너무 되면 익었을 때 딱딱해지므로 물을 조금씩 부어 가며 조절한다.
5 한입 크기로 반죽을 나눠 각각의 반죽에 2의 소를 넣어 동글동글하게 빚는다.
6 1의 국물에 유자청을 넣고 우르르 끓인 다음 불을 끄고 식힌다.
7 6을 체에 거른 다음 냉장고에 넣어 차게 한다.
8 동글동글하게 빚은 반죽은 녹말을 묻혀 끓는 물에 삶는다.
9 다 익으면 건져서 찬물에 담가 식힌다.
10 대추는 돌려 깎아 씨를 빼고 돌돌 말아 썰어 대추말이를 만든다. 그릇에 원소병과 국물을 담고 잣과 대추말이를 띄운다.

운동 부족으로 인한 갈증과 심혈을 식혀 주는 죽순

# 제4대 세종

생몰 연도 1397~1450년 / 재위 기간 1418~1450년

1418년 태종의 셋째아들 충녕이 즉위하였으니 곧 조선의 제4대 임금이신 세종이다. 왕세자는 형인 양녕대군(讓寧大君)이었으나, 태종의 뜻에 따라 1418년 6월 세자로 책봉된 뒤 같은 해 8월 태종의 양위를 받아 즉위했다. 세종은 유교 정치의 이상을 실현하기 위한 여러 정책을 시행했다. 태종이 이루어 놓은 든든한 왕권을 바탕으로 정치·경제·문화·사회 전반에서 눈부신 발전을 이루었다. 훈민정음 창제, 천민 출신의 장영실을 등용하여 이루어 낸 천문·과학 기술의 발달, 정초의 《농사직설》 편찬, 박연의 아악 집대성 등 우리 역사상 르네상스 시대로 불린다. 태종의 도움 아래 국방에도 힘을 기울여 이종무로 하여금 대마도를 정벌케 했고, 김종서로 하여금 육진을 개척하여 변방을 안정시켰다. 조선시대 최고의 명재상으로 이름을 떨친 황희와 맹사성이 이 시대의 인물이다. 찬란한 문화 업적과 훌륭한 인품으로 조선사 최고의 성군으로 기억되고 있다.

## 조선왕조실록 엿보기

### 제헌을 따라온 요동 의원 하양에게 임금의 병을 진찰시키다

— 세종 7년 을사(1425, 홍희 1) 윤 7월 25일(임술)

요동 의원(醫員)으로서 하양(河讓)이라는 사람이 제헌(齊賢)을 따라왔다. 지신사 곽존중이 명을 받들고 양을 청해서 임금의 병을 진찰시켰다. 세자가 환자(宦者) 두 사람을 거느리고 곁에서 모셨다. 임금이 원민생을 시켜 말을 전갈하기를, "죽엽석고탕(竹葉石膏湯)을 복용하는 것이 어떠할까." 하니, 양이 대답하기를, "좋습니다." 하였다. 약방문을 내도록 명하니, "물러가 국의(國醫)와 의논해서 내겠습니다." 하였다. 나와서 말하기를, "전하의 병환이 상부(上部)는 성하고, 하부는 허(虛)한 것은 정신적으로 과로한 때문입니다. 그래서 맥도(脈度)가 〈한 번 호흡하는 동안에〉 네 번씩 뛰어 평화한 맥과 같은 듯하나, 오른쪽 맥은 침(沈)하면서 활(活)하고, 왼쪽 맥은 침하면서 허합니다. 담(痰)이 흉격(胸膈) 사이에 쌓여서, 기(氣)가 유통(流通)하지 못하고, 수화(水火)가 오르내리지 못하

니, 먼저 소담(消痰)할 약을 복용하고, 다음에 비위(脾胃)를 온화(溫和)하게 할 약을 복용한 다음에 조리(調理)할 약을 진어(進御)하여야 할 것입니다." 하면서, 향사칠기탕(香砂七氣湯)과 양격도담탕(涼膈導痰湯)을 합제(合劑)한 방문을 내었다. 그러나 이 약은 의서(醫書)에 보이지 않는 것이므로 진어하지 않았다. 하양에게 음식을 공궤하도록 명하고, 저포·마포 각 3필을 주었다. [有遼東醫人河讓者隨齊賢來, 知申事郭存中承命請讓來(脙)〔診〕上疾. 世子率宦者二人侍側, 上使元閔生傳語曰: "服竹葉石膏湯何如?" 讓對曰: "善矣." 令命藥, 對曰: "退與國醫議, 而後命藥矣." 出而語曰: "殿下之疾, 上盛而下虛, 憂勞所致, 故脈之四至, 似若平和, 右脈沈而活, 左脈沈而虛. 痰積胸膈間, 氣不得流通, 水火不升降, 先服消痰藥, 次服溫脾胃藥, 然後進調理藥可也." 仍命合香砂七氣湯, 凉膈導痰湯以進. 然以是藥, 不見於醫書, 不進焉. 命饋之, 賜苧麻布各三匹.]

## 내의원 진단

세종대왕은 책을 많이 읽기로 유명하신 분이다. 오죽하면 책을 너무 읽어 눈에서 진물이 흐른다는 말이 나왔겠는가. 다른 학문과 마찬가지로 한의학에 대한 조예도 상당히 깊었던 듯싶다. 자신의 병증에 대한 처방을 내리고 중국에서 온 명의에게 하문했는데, 바로 그 처방이 '죽엽석고탕'이다. 주로 석고와 죽엽, 인삼, 맥문동, 감초 등의 약재를 구성하여 감기를 앓고 난 후에 열이 남아 있는 증상과, 땀을 너무 많이 흘려서 갈증이 나고 허한 증상에 쓰이는 처방이다. 특히 죽엽과 석고는 열을 많이 떨어뜨리는 약인데, 특이한 것은 죽엽을 사용한 점이다. 이후에 중국의 명의가 스트레스로 인한 기혈이 막힌 것을 풀어 순환시키는 '향사칠기탕'이라는 처방과, 가슴에 맺힌 담열을 내려주는 '양격도담탕'이라는 처방을 추천한 것을 보면, 세종의 가슴에 스트레스로 울화가 많이 맺혀서 상하의 기운이 제대로 소통되지 못하고 있었음을 유추해 볼 수 있다. 따라서 심장의 열을 식혀주는 대나무 잎을 사용하려 했던 것이다.

세종은 지나친 공부와 운동 부족으로 인해 스트레스가 과잉되어 당뇨와 비만 등과 같은 성인병을 무수히 앓은 것으로 알려져 있다. 갈증과 심열을 식히기 위해 죽엽과 같은 약재가 주효했을 것이다.

## 수라간의 음식 처방 - 죽순을 이용한 음식

### 댓잎삼겹살찜 / 죽순쇠고기겨자채 / 죽순버섯조림

죽순의 섬유질은 변비를 방지하고, 치질과 대장암 등을 예방하는 효과가 있다. 콜레스테롤의 흡수를 저하시켜 당뇨병·심장질환 등의 성인병 예방과 치료에도 도움을 준다. 칼륨의 함량이 높아 칼륨이 결핍되기 쉬운 쌀을 주식으로 하는 우리의 식생활에는 매우 좋은 식품이다. 몸속의 나트륨 분량을 조절하는 능력이 있어 나트륨을 많이 섭취하면 생길 수 있는 고혈압이나 심장 관련 질병에 도움을 준다. 빈혈과 조혈 작용에 필수적인 철분 함량도 다른 채소에 비해 높은 식품이다. 죽순에는 시아노겐이란 유독 물질이 함유되어 있으므로 반드시 물에 삶아 섭취하도록 한다.

스트레스와 갈증을 해소하고 심열을 식히기 위해 대나무 관련 식재를 사용한 음식으로 댓잎삼겹살찜, 죽순쇠고기겨자채, 죽순버섯조림 등을 권한다.

## 댓잎삼겹살찜

**재료 ● 4인분**

- 삼겹살덩어리 · · · · · · · · · · 300g
- 댓잎 · · · · · · · · · · · · · · · · 10g
- 죽순 · · · · · · · · · · · · · · · · 100g
- 마늘 · · · · · · · · · · · · · · · · 50g
- 된장·맛술 · · · · · · · · · · · 각 1큰술
- 대파 · · · · · · · · · · · · · · · · 1/4뿌리
- 생강 · · · · · · · · · · · · · · · · 50g
- 후추 · · · · · · · · · · · · · · · · 1작은술
- *양념장(고춧가루 1큰술, 식초·설탕·소금·다진마늘·파·깨소금 각 1작은술)

**만드는 법**

1. 마늘, 생강, 대파는 곱게 다진다.
2. 된장에 맛술, 다진 마늘, 생강, 파, 후추를 넣고 양념된장을 만든다.
3. 삼겹살 덩어리에 2의 양념된장을 발라 댓잎에 싼 다음 실로 묶는다.
4. 한소끔 끓은 솥에 3을 넣고 푹 찐다.
5. 죽순은 얇게 채 썰어 끓는 물에 살짝 데친다.
6. 분량의 재료로 양념장을 만들어 죽순을 넣고 버무린다.
7. 4의 삼겹살이 다 쪄지면 먹기 좋은 크기로 잘라 접시에 담고, 죽순생채를 같이 곁들인다.

# 죽순쇠고기겨자채

### 재료 ● 4인분

- 죽순 · · · · · · · · · · · · · · · 50g
- 쇠고기 · · · · · · · · · · · · · · 80g
- 파 · · · · · · · · · · · · · · · · 1뿌리
- 생강 · · · · · · · · · · · · · · · · 5g
- 당근 · 오이 · · · · · · · · · 각 1/2개
- 배 · · · · · · · · · · · · · · · · 1/4개
- 새우 · · · · · · · · · · · · · · · 5마리
- 잣 · · · · · · · · · · · · · · · · · 1큰술
- *겨자장(겨자 갠 것 2작은술, 식초 1큰술, 설탕 1큰술, 소금 1/2작은술, 연유 1큰술, 배즙 2큰술)

### 만드는 법

1 죽순은 끓는 물에 데친 다음 빗살 모양으로 썬다.
2 파와 생강을 넣은 끓는 물에 쇠고기를 삶아 낸 다음 얇게 썬다.
3 당근과 오이, 배는 폭 4cm × 길이 1cm × 두께 0.5cm로 잘라 찬물에 담근다.
4 잣은 다져 둔다.
5 분량의 재료로 겨자장을 만든다.
6 준비된 재료를 볼에 담고 겨자장을 넣어 골고루 버무린 다음 그릇에 담아 잣가루를 뿌려 낸다.

# 죽순버섯조림

| 재료 ● 4인분 |
|---|

- 죽순 · · · · · · · · · · · · · · · 100g
- 양송이버섯 · · · · · · · · · · · · · 5개
- 새송이버섯 · · · · · · · · · · · · · 2개
- 피망 · · · · · · · · · · · · · · · · 2개
- 마늘 · · · · · · · · · · · · · · · · 3쪽
- 간장 · · · · · · · · · · · · · · · 3큰술
- 설탕 · 물엿 · · · · · · · · · 각 1큰술
- 후추 · 맛술 · · · · · · · · · 각 2큰술
- 깨소금 · 참기름 · · · · · · 각 1작은술

| 만드는 법 |
|---|

1. 죽순을 먹기 좋을 크기로 잘라서 끓는 물에 살짝 데친다.
2. 양송이와 새송이, 피망도 먹기 좋은 크기로 자른다.
3. 팬에 마늘, 간장, 설탕, 물엿, 후추, 맛술, 깨소금, 참기름을 넣고 졸인다.
4. 3에 양송이, 죽순, 새송이, 피망을 넣고 끓이다가 마지막에 참기름과 깨소금을 뿌린다.

**맛있는 Tip**

**죽순 스피드 삶기!**

죽순을 손질한 후 내열 용기에 담아 뚜껑을 덮지 않고 전자레인지에서 4~5분 정도 삶는다. 이때 쌀뜨물을 사용하면 좋다.

죽순은 몸의 열을 내리게 하고 갈증을 없애 주지만, 성질이 냉하므로 몸이 찬 사람은 주의해야 한다.

## 열이 상부로 올라가는 체질의 개선에 좋은 두부

# 제5대 문종

생몰 연도 1414~1452년 / 재위 기간 1450~1452

세종과 소헌왕후의 맏아들로 태어나 29세에 세종 대신 섭정을 시작, 세종이 승하 후 8년의 섭정을 끝내고 왕위에 올랐다. 원래 병약했고 세자 시절의 과다한 업무로 건강이 약화되어 재위 기간 대부분을 병상에서 보냈다. 문종은 언관의 언론에 관대한 정책을 기본 통치 방향으로 설정해 역사와 병법을 정리, 사회 기반을 정착시키고 제도를 확립하고자 《동국병감》《고려사》《고려사절요》 등을 편찬하게 했다. 유연함과 강건함을 곁들인 정책을 폈으나 일찍 생을 마쳤다.

## 조선왕조실록 엿보기

### 하연·황보인 등이 왕의 종기를 염려하여 동궁에 물러가 조섭하기를 청하다

— 문종 즉위년 경오(1450, 경태 1) 2월 20일(갑오)

하연(河演)·황보인(皇甫仁)·남지(南智)·박종우(朴從愚)·정인지(鄭麟趾)·허후(許詡)·이사철(李思哲) 등이 아뢰기를, "저하께서 전일에 난 종기(腫氣)가 아직 낫지 않았는데, 또 종기가 발생했으니, 신(臣) 등은 몹시 놀라움을 이기지 못하겠습니다. 의서(醫書)에 '대개 창구(瘡口)가 아물어질 즈음에는 오히려 서서 걸어다니는 것도 꺼린다.' 고 했습니다. 빈객(賓客)을 읍(揖)하여 접대하시고, 대사(臺榭)에 오르내리시고, 팔다리와 몸을 운동하시는 것은 추위와 더위에 피로하고 나른하게 되니, 마땅히 음식을 조절하시어 종기가 나아 회복되기를 기다려서 정신이 그전과 같고 기력이 완전하게 되시면 그제야 거리낄 것이 없게 될 것인데, 지금 종기가 완쾌되지 못하시고 때마침 큰 변고를 당하여 찬 곳에서 여막살이하고 빈전(殯殿)에 드나드시느라 운신(運身)하며 애통해 하시니, 의서에 말한 바를 조심하지 않을 수 없습니다. 저하께서는 종묘사직과 생민(生民)의 주군이 되셨으니, 스스로 조심하지 아니할 수가 있겠습니까? 동궁에 물러가 계시면서 조섭하시기를 청합니다." 하니, 명하기를, "하루에 한 번 빈전에 들어가는데, 나의 종기는 대신의 말을 따르지 않을 수 없으므로, 내가 마땅히 2, 3일 동안 기동(起動)을 멈추고 조리하겠으나, 물러가 거처하는 것은 감히 할 수 없다." 하였다. 청하기를 두세 번 하였으나 윤허하지 않았다. [河演, 皇甫仁, 南智, 朴從愚, 鄭麟趾, 許詡, 李思哲等申曰: "邸下前 未愈, 又發, 臣等不勝驚駭. 醫書云: '凡瘡口收斂之際, 尙忌起立行步.' 揖對賓客, 登陟臺榭, 運動支體, 寒暑勞倦, 正宜調節飮食, 以待瘡瘢平復, 精神如古, 氣力完全, 方無所忌. 今瘡 未完, 而適遇大變, 廬于寒冷之處, 出入殯殿, 運身哀慟, 醫書所云, 不可不愼. 邸下爲宗廟, 社稷, 生民之主, 其可不自重耶? 請退居東宮調攝." 令曰: "予瘡, 一日一入殯殿, 大臣之言, 不可不從. 予當二三日, 停起動調理, 退居則予不敢." 請之再三, 不允.]

## 임금이 내의원에 명하여 발운산을 달이어 올리게 하다
— 문종 1년 신미(1451, 경태 2) 8월 3일(무진)

임금이 내의원에 명하여 발운산(撥雲散)을 달이어 올리게 하였다. 승정원에서 문안을 드리니, 임금이 말하기를, "열(熱)이 심하고 눈이 약간 어두울 뿐이지 다른 연고가 있는 것은 아니다." 하였다.
[命內醫院, 湯進撥雲散. 承政院問安, 上曰: "熱甚眼稍昏, 非有他故也."]

## 내의 전순의가 임금의 병이 차도가 있다고 말하다
— 문종 2년 임신(1452, 경태 3) 5월 5일(정유)

내의 전순의(全循義)가 내전에서 나오면서 말하기를, "임금의 종기가 난 곳이 매우 아프셨으나, 저녁에 이르러 조금 덜하고 농즙(濃汁)이 흘러나왔으므로, 두탕(豆湯)을 드렸더니 임금이 기뻐하면서 말하기를, '음식의 맛을 조금 알겠다.' 하셨다." 하니, 여러 신하들이 모두 기뻐하였다. [內醫全循義自內出曰: "上 處痛苦, 至夕稍歇, 濃汁流出, 進豆湯, 上曰: '稍知飮食之味.'" 群臣皆喜.]

## 내의원 진단

문종은 세자 때부터 심한 종기로 고생했지만 직접 아버지(세종)의 병구완을 들 정도로 효성이 지극했고, 세종 승하 후에는 몸을 돌보지 않고 슬퍼하였다. 결국에는 종기가 악화되어 인해 죽음에 이르게 되었는데, '발운산'이라는 처방을 사용한 점이 흥미롭다.《동의보감(東醫寶鑑)》에는 '풍독이 위로 올라와서 눈이 침침해지고 눈동자에 이물이 끼며 간지럽고 아프고 눈물이 나는 증상을 치료한다'고 되어 있다. 아마도 슬퍼하는 기운이 너무 심해 기가 역류함에 따라 열독이 위로 올라가게 되었던 것 같다. 즉 열이 상부로 잘 올라가는 체질이었을 것이다. '두탕' 처방은 의미가 있다. 콩을 탕으로 만들면 성질이 차가워져 번거로운 열을 식혀 주고 모든 독을 없애는 효능이 증폭된다.

## 수라간의 음식 처방 - 두부를 이용한 음식

### 두부탕수 / 두부닭가슴살스테이크 / 두부시금치무침

두부의 주재료인 콩에 함유된 단백질과 필수지방산은 뇌에 에너지를 공급하고 신경세포 성장에 도움을 주며, 두뇌 발달에 효과적이다. 또한 두부의 단백질과 칼슘은 인체의 뼈와 근육을 이루는 중요한 영양소이다. 식물성 단백질이므로 비만과 아토피의 예방과 개선에 좋다. 폐경기에 섭취하면 갱년기 증상이 완화되고, 유방암·난소암·전립선 질환을 예방하는 효과가 있다. 또한 식이섬유가 많아 변비 치료 및 예방에 효과적이며, 이소플라본의 작용으로 뼈의 손상을 늦추고 뼈 조직을 형성하는 작용으로 골다공증을 예방한다. 풍부한 사포닌은 노화의 근본 원인이 되는 지방산의 산화를 막고, 독을 없애며 암을 억제하는 효과가 있다.

종기 등의 열을 식혀 주고 독을 없애는 효능을 위한 콩과 두부를 이용한 음식으로 두부닭가슴살스테이크, 두부탕수, 두부시금치무침 등을 권한다.

## 두부닭가슴살스테이크

### 재료 ● 4인분

- 두부 · · · · · · · · · · · · · · · · · 1/2모
- 닭가슴살(청주·소금·후추로 밑간) · 1쪽
- 당근, 호박 · · · · · · · · · · · · · · 1/4개
- 양파 · · · · · · · · · · · · · · · · · 1/3개
- 청양고추 · · · · · · · · · · · · · · · · 1개
- 마늘 · · · · · · · · · · · · · · · · · · · 3쪽
- 파 · · · · · · · · · · · · · · · · · · 1/2뿌리
- 녹말가루 · · · · · · · · · · · · · · · 2큰술
- 달걀 · · · · · · · · · · · · · · · · · · · 1개
- *반죽(빵가루 1큰술, 소금·후추·참기름 각 1작은술)
- *소스(우스터소스 1큰술, 다진 마늘·파·고추장·케첩·설탕·참기름·후추 각 1작은술)

### 만드는 법

1. 두부는 거즈에 싸서 물기를 제거하고 곱게 으깬다.
2. 닭가슴살은 곱게 다진 뒤에 청주와 소금, 후추로 밑간을 한다.
3. 당근, 호박, 양파, 청양고추, 마늘, 파는 곱게 다진다.
4. 볼에 두부와 닭가슴살, 다진 채소(마늘과 파는 반만 사용)를 넣고 빵가루 약간과 소금, 후추, 참기름을 넣고 반죽한다.
5. 스테이크처럼 널찍하게 반죽한 다음, 녹말가루를 앞뒤로 묻히고, 달걀물을 입혀 팬에 지진다.
6. 팬에 소스 재료를 넣고 물을 5큰술 넣어 끓인다.
7. 접시에 스테이크를 담고 위에 6의 소스를 뿌려 낸다.

# 두부탕수

### 재료 ● 4인분

| | |
|---|---|
| 두부 | 1/2모 |
| 오이 · 양파 | 1/2개 |
| 당근 | 1/4개 |
| 목이버섯 | 3개 |
| 마늘 | 1쪽 |
| 파 | 1/2뿌리 |
| 녹말가루 | 1/2컵 |
| 달걀 | 1개 |
| 고추기름 | 1큰술 |
| 식초 · 설탕 · 간장 | 각 1큰술 |

### 만드는 법

1 두부는 큼직큼직하게 잘라 소금을 뿌리고 간수를 뺀다.
2 오이는 어슷하게 썰고 당근은 꽃 모양을 낸다. 양파는 큼직하게 썰고, 목이버섯은 불려 한입 크기로 자른다.
3 마늘은 편으로 썰고, 파는 큼직하게 썬다.
4 두부에 녹말가루를 묻혀 180℃의 기름에 튀긴다.
5 다른 팬에 고추기름을 넉넉히 두르고 3의 마늘과 파를 넣고 볶는다.
6 5에 당근 · 양파 · 목이버섯을 넣고 볶다가 육수를 넣고, 식초 · 설탕 · 간장으로 간한다.
7 6에 녹말가루 푼 물을 넣고 걸쭉하게 소스를 만든다.
8 튀긴 두부를 접시에 담고 소스를 뿌린다.

# 두부시금치무침

| 재료 ● 4인분 |
|---|

두부 · · · · · · · · · · · · · · · · 1/4모
시금치 · · · · · · · · · · · · · · · 100g
다진 마늘 · · · · · · · · · · · · 1/2큰술
다진 파 · · · · · · · · · · · · · · 1/2큰술
참기름 · · · · · · · · · · · · · · · 1작은술
참깨 · · · · · · · · · · · · · · · · 1/2작은술
소금 · · · · · · · · · · · · · · · · 1작은술

| 만드는 법 |
|---|

1 두부는 거즈에 싸서 물기를 제거하고 으깬다.
2 시금치는 끓는 물에 데쳐서 물기를 제거하고 소금으로 밑간을 한다.
3 으깬 두부, 시금치, 다진 마늘·파, 참기름, 깨소금, 소금을 넣고 양념한다.

## 비위를 강화하여 발육 부진을 개선해 주는 육류

# 제6대 단종

생몰 연도 : 1441~1457년 / 재위 기간 : 1452~1455년

문종의 맏아들로, 8세 때 왕세손에 책봉되고, 문종 즉위 후 왕세자에 책봉되었다. 문종이 재위 2년 만에 승하하자 12세에 왕이 되었다. 1453년 숙부 수양대군(세조)이 권람(權擥)·한명회(韓明澮) 등과 함께 황보인·김종서 등을 제거하고 군국(軍國)의 모든 권리를 장악하자 단지 이름뿐인 왕이 되었다. 1455년, 한명회·권람 등의 강요를 견디지 못하고 수양대군에게 왕위를 물려주고 상왕(上王)이 되었다. 1456년 성삼문·박팽년·하위지·이개·유응부·유성원 등이 단종 복위를 도모하다 처형된 뒤, 1457년 상왕에서 노산군(魯山君)으로 강봉되어 강원도 영월로 유배되었다. 그해 9월 경상도 순흥에 유배되었던 숙부 금성대군(錦城大君)이 다시 단종의 복위를 계획하다가 발각되자, 노산군에서 서인(庶人)으로 강봉되었다가 결국 17세의 나이로 사사되었다.

## 조선왕조실록 엿보기

### 황보인·남지 등이 육즙을 진어하도록 권하나 듣지 않다

― 단종 즉위년 임신(1452, 경태 3) 7월 6일(정유)

황보인·남지·김종서·정분·이양·윤형·허후·강맹경 등이 아뢰기를, "졸곡(卒哭) 전에 만일 병이 있으면 육즙(肉汁)을 진상하는 것은 세종의 유교(遺教)입니다. 이제 성상께서 춘추가 아직 어리시고 혈기가 충실치 못하시며 또 구역질하는 증세가 있으시니, 놀랍고 두려움을 이기지 못하겠습니다. 청컨대 육즙을 조금 진어하소서." 하니, 전교하기를, "내가 본래 구역질하는 증세가 있으니, 어찌 소식(素食)을 해서 그러하겠느냐?" 하고, 드디어 통곡하였다. 승전 환관(承傳宦官) 김연(金衍)이 말하기를, "성상께서 매양 이 말을 들으시면 반드시 통곡하신다. 성상의 마음을 다만 동하게 하니, 다시 아뢸 수는 없다." 하였다. [皇甫仁, 南智, 金宗瑞, 鄭苯, 李穰, 尹炯, 許詡, 姜孟卿等啓曰: "卒哭前若有疾, 則進肉汁, 世宗遺教也. 今上春秋尙幼, 氣血未充, 又有嘔逆之證, 不勝驚惶, 請小進肉汁." 傳曰: "予素有嘔逆之證, 豈素食而然歟?" 遂痛泣. 承傳宦官金衍曰: "上每聞此言, 則必痛泣, 祗動上心, 不可更啓."]

# 의원을 중국에 보내어 양의를 만나 약이를 구하게 하다

― 단종 1년 계유(1453, 경태 4) 11월 22일(갑술)

효령대군(孝寧大君) 이보(李補)가 박팽년(朴彭年)에게 말하기를, "세종조(世宗朝) 때에 중국에 《송사(宋史)》를 청하여 이미 허락을 받았으니, 이번 하천추사(賀千秋史)가 가는 길에 다시 청하는 것이 어떻겠소?" 하였다. 박팽년이 또한 세조와 우의정 한확에게 말하기를, "상감의 성언(聖言)이 약간 막히는[稍塞] 듯하니 의원(醫員)을 중국에 보내어 양의(良醫)에게 물어 약이(藥餌)를 널리 구함이 어떻겠습니까?" 하니, 한확이 말하기를, "그것이 나의 뜻이오. 지난번에 황보인(皇甫仁)에게 말하였으나, 황보인이 대답을 하지 않았기 때문에 뜻을 이루지 못하였습니다." 하였다. 세조가 말하기를, "어의(御醫)를 만나 보기가 어려울 것이나, 선물[人情]을 가지고 가서 만나 보기를 청하면 반드시 만날 수 있을 것이오." 하였다. 이날 박팽년이 아뢴 것을 모두 따랐다. [孝寧大君補語朴彭年曰: "世宗朝, 請《宋史》於上國, 已蒙兪矣. 今賀千秋使之行, 再請何如?" 彭年亦言於世祖及右議政韓確曰: "上聲音稍塞, 遣醫中原, 問諸良醫, 旁求藥餌何如?" 確曰: "是吾志也. 向者言於皇甫仁, 仁不答, 故未遂." 世祖曰: "得見御醫爲難, 然齎人情求之, 則必得見矣." 是日彭年啓之, 皆從之.]

## 내의원 진단

《동의보감》을 보면 나이가 연소하거나 비위가 허약해서 음식을 제대로 소화시키지 못하고 구역질하는 환자를 치료하는 처방이 나온다. 단종 또한 이에 해당되었을 것이라 생각한다. 마치 어린 왕이 자신의 편식을 지적하는 늙은 신하에게 투정을 부리는 듯하지만, 실제 말을 제대로 하지 못하는 어린 왕의 증상을 걱정하여 신하들이 이를 해결하기 위해 중국으로 의원들을 파견하는 회의까지 하는 것을 보면, 단종의 영양이나 발육 상태가 정말 좋지 못했었던 것 같다.

어린 나이에 비위의 기능이 약해 음식을 제대로 소화시키지 못하거나 편식하게 되면 이와 같이 성장 발육에 문제가 생기는 경우가 많다.《동의보감》에서도 성장 발육이 심하게 떨어진 아이에게 지속적으로 녹용을 포함한 보약을 일 년 내내 먹여 정상적인 상태로 만들어 놓는 임상 치료 예가 있다. 현대에도 선천적으로 문제로 양방의학계에서 아예 치료 자체를 포기한 경우에도 지속적인 한방 치료를 통해 회복시키는 경우가 많은 편이다. 일단 아이들은 골고루 규칙적으로 양껏 먹을 수 있어야 하며, 부족한 경우에는 음식의 연장선인 한약의 도움을 받는 것이 좋다.

## 수라간의 음식 처방 - 육류를 이용한 음식

### 돼지고기두루치기 / 단호박돼지갈비찜 / 찹스테이크

한의학적으로 쇠고기의 성질은 따뜻한 반면에 돼지고기는 차갑다. 쇠고기는 비위를 길러 주고, 기운을 돋우며 갈증·구토·설사를 없애는 성질이 있다. 반면에 돼지고기는 주로 해열 등 열을 치료하며, 막힌 혈맥과 허약한 기육에 어울리며, 피부를 윤택하게 하는 성질이 있다. 특히 돼지고기를 많이 먹으면 담과 풍이 생기고, 쇠붙이로 인한 창상이 있는 사람은 상처가 더욱 심해진다. 열이 많은 체질에는 좋지만, 손발이 차거나 소화 기능이 약한 사람은 피하는 게 좋다.

따라서 편식과 허약 체질에 좋은 음식으로 돼지고기두루치기, 단호박돼지갈비찜, 찹스테이크 등을 권한다.

## 돼지고기두루치기

### 재료 ● 4인분

- 돼지고기 · · · · · · · · · · · · · · · 100g
- 각종 버섯 · · · · · · · · · · · · · · 100g
- 양파 · · · · · · · · · · · · · · · · · · 1/2개
- 대파 · · · · · · · · · · · · · · · · · · 1뿌리
- *양념(고추장 3큰술, 고춧가루 1큰술, 간장 1큰술, 청주 3큰술, 다진 마늘·파 각 1큰술, 깨소금·참기름 각 1작은술)

### 만드는 법

1. 돼지고기는 삼겹살을 준비해 먹기 좋은 크기로 썬다.
2. 버섯은 먹기 좋은 크기로 자른다.
3. 양파와 대파는 채 썬다.
4. 고추장, 고춧가루, 간장, 청주, 마늘, 파, 깨소금, 참기름을 큰 볼에 담고 골고루 섞어 양념을 만든다.
5. 모든 재료와 양념을 한데 넣어 버무린다.
6. 팬에 기름을 살짝 두른 후 뜨거워지면 양념한 재료를 넣고 볶는다.

**두루치기란?**
서민들이 즐겨먹던 음식으로, 각 지역에서 발달한 향토 음식이라고 볼 수 있다. 철 냄비에 쇠고기나 돼지고기, 조개, 오징어 등을 썰어 넣고 여러 가지 채소와 함께 볶다가 물을 조금 부어 끓인 음식으로, 찌개와 볶음의 중간 정도이다.

# 단호박돼지갈비찜

### 재료 ● 4인분

돼지갈비 · · · · · · · · · · · · · · · 200g
단호박 · · · · · · · · · · · · · · · · 1/2개
대추 · · · · · · · · · · · · · · · · · · 5개
양파 · · · · · · · · · · · · · · · · · · 1개
*양념장(간장 5큰술, 설탕 1큰술, 다진 마늘·파 1큰술, 참기름·깨소금·후추· 청주 각 1작은술)

### 만드는 법

1 갈비는 찬물에 담가 핏물을 빼고 끓는 물에 살짝 데친다.
2 단호박을 갈비와 비슷한 크기로 자른다. 양파도 큼직하게 자른다.
3 분량의 양념장을 만든다.
4 팬에 갈비, 단호박, 대추를 넣고 양념장을 2/3 정도 넣고 물 1/2컵을 넣고 끓인다.
5 어느 정도 졸여진 갈비에 나머지 양념을 넣고 물 1/2컵을 넣고 양파를 넣고 졸인다.
6 마지막에 센불에 참기름을 살짝 넣고 볶아 그릇에 담아 낸다.

# 찹스테이크

| 재료 ● 4인분 |
|---|

쇠고기등심 · · · · · · · · · · · · · 200g
올리브오일 · · · · · · · · · · · · · 3큰술
양파 · · · · · · · · · · · · · · · · · · 1/4개
피망 · 파프리카 · · · · · · · 각 1/2개
마늘 · · · · · · · · · · · · · · · · · · · 3쪽
*브라운소스(버터 1큰술, 밀가루 1큰술, 토마토페스트 1큰술, 월계수잎 1장, 레드와인 1큰술, 소금, 후추)

| 만드는 법 |
|---|

1 쇠고기를 큼직하게 썬다.
2 양파, 파프리카, 피망은 고기와 같은 크기로 썬다.
3 마늘은 편으로 썬다.
4 팬에 버터를 두르고 밀가루를 갈색이 날 때까지 볶다가 레드와인, 토마토페이스트, 월계수잎, 육수를 넣어서 은근히 끓인 다음 소금과 후추로 간하고, 월계수잎은 건져 낸다(브라운소스).
5 팬을 뜨겁게 달군 뒤에 올리브유를 두르고 고기를 볶다가 양파, 피망, 파프리카 순으로 볶는다.
6 접시에 고기와 채소를 담고 위에 소스를 뿌린다.

## 신경을 안정시키고 어혈을 푸는 데 좋은 해바라기씨
# 제7대 세조
### 생몰 연도 : 1417~1468년 / 재위 기간 : 1455~1468년

세종과 소헌왕후의 둘째아들로 태어난 수양대군은 형인 문종과는 달리 무예에 능하고 대담한 성격을 지녔다. 유가정치(儒家政治)의 이상을 실현하고 왕업을 튼튼하게 하기 위해 세자와 왕자들의 교육에도 힘썼던 세종의 배려 속에 왕자들 가운데서도 특히 다재다능했기에 국정 전반에 참여할 수 있었다. 세종의 뒤를 이어 즉위한 문종이 재위 2년 3개월 만에 죽고 12세의 어린 단종이 즉위하자 세종 때의 안정된 왕권과 정치는 크게 약화되어 황보인(皇甫仁)·김종서(金宗瑞) 등 의정부 대신들에게 권력이 집중되는 현상이 초래되었다. 이에 추대 세력과 함께 계유정난(癸酉靖難)을 일으켜 단종을 상왕으로 모시고 제7대 왕이 되었다. 재위 기간 동안 왕권 강화, 군현의 정비, 직전법(職田法)의 실시, 군액(軍額)의 증강, 불교의 진흥 등의 정책을 실시해 조선 초기 왕권 강화에 공헌했다. 이 시기에《경국대전(經國大典)》이 편찬되었고,《월인석보(月印釋譜)》《금강경언해(金剛經諺解)》등의 불교 관련 서적은 물론《오륜록(五倫錄)》《역학계몽도해(易學啓蒙圖解)》《동국지도(東國地圖)》《해동성씨록(海東姓氏錄)》등의 편찬 사업이 활발하게 이루어졌다. 규형(窺衡)·인지의(印地儀)라고 불리는 토지 측량 의상(儀象)을 제작하기도 해 15세기 천문학 발달에 크게 이바지했다.

## 조선왕조실록 엿보기

### 현호색을 가미한 칠기탕을 드시다
— 세조 12년 병술(1466, 성화 2) 10월 2일(경자)

임금이 한계희(韓繼禧)·임원준(任元濬)·김상진(金尙珍)을 불러서 말하기를, "꿈속에 나는 생각하기를, 현호색(玄胡索)을 먹으면 병이 나을 것이라고 여겨서 이를 먹었더니 과연 가슴과 배의 아픈 증세가 조금 덜어지게 되었으니, 이것이 무슨 약인가?" 하니, 한계희가 대답하기를, "현호색(玄胡索)이란 것은 흉복통(胸腹痛)을 치료하는 약입니다." 하였다. 이에 현호색(玄胡索)을 가미(加味)한 칠기탕(七氣湯)을 올렸더니 과연 병환이 나았다. [上召韓繼禧, 任元濬, 金尙珍曰: "夢, 予意食玄胡索則病

愈, 服之, 果胸腹之證少減, 此何藥耶?" 繼禧對曰: "玄胡索者, 治胸腹痛之藥也." 乃進加玄胡索七氣湯, 果平愈.]

## 내의원 진단

현호색은 성질이 따뜻하고 맛이 매우며 독성이 없고, 기혈 순환을 촉진시켜서 몸속의 어혈이나 결괴 및 각종 응어리진 것들을 부수고 내보내는 역할을 하는 약재다. 주로 가슴이나 배에 있는 어혈을 없애 통증을 진정시킨다. 여기서 특이한 것은, 현호색뿐만 아니라 '칠기탕'이라는 탕약을 가미해 처방했다는 사실이다. 칠기탕은 신경정신과적 원인으로 생긴 가슴과 배의 통증을 치료하는 처방으로 기울증(氣鬱症)에 쓰인다. 이는 마치 학교에 가기 싫어하고, 스트레스를 너무 많이 받는 아이를 억지로 학교에 보내려고 하면 자신도 모르게 배를 움켜쥐고 데굴데굴 구르는 증상과 마찬가지다. 가슴이나 배의 위장 등에는 실제 아무런 이상이 없지만, 과도한 스트레스로 진짜 통증이 느껴지는 것이다.

세조는 자신의 친조카를 죽이고 왕위에 오른 인물이다. 물론 신하들의 힘에 좌지우지되는 왕권을 강화시키기 위한 선택이었다고는 하지만, 마음이 편치 않았으리라는 것은 불문가지일 것이다. 야사(野史)에는 단종의 어머니 현덕왕후 권씨가 세조의 꿈에 나타나 침을 뱉었는데 그 침방울이 튄 자리마다 종기가 생겨 썩기 시작해서 등에 풀칠한 것처럼 돋아났고, 여름이 되면 더욱 심해 임금의 옥체에서 고름 썩는 냄새가 나니, 문둥병이라는 소문이 퍼졌다고 한다. 최근 들어 강원도 상원사에서 피고름이 묻은 속옷이 발견된 것 등으로 미루어 볼 때 아주 그런 피부 증상이 없었던 것은 아닌 것 같다. 현호색이라는 약재를 사용하게 된 것도 꿈속에서 비롯된 것이라 하니, 세조의 잠자리가 무척이나 뒤숭숭했던가 보다.

보통 어혈을 제거해 주는 약재들은 성질이 강한 편이기 때문에, 음식 재료로는 잘 쓰이지 않지만, 혈압을 낮추고 마음을 안정시키며 어혈을 풀어 주는 효능을 갖추고 있는 해바라기씨를 평소에 응용해 보는 것도 좋겠다.

## 수라간의 음식 처방 - 해바라기씨를 이용한 음식

### 해바라기씨멸치강정 / 해바라기씨죽 / 해바라기씨경단

해바라기는 기름 성분에 비타민A, E가 유난히 풍부하여 보건식품으로 권장되는 식품으로서, 단백질과 지방의 열량과 영양소의 흡수량을 높여 주고 질병 예방에 좋다. 소화기가 약하고 몸이 차며 허약한 사람들에게 좋고, 지방이 씨의 반을 차지할 정도로 기름이 많으며 반건성유라 피부 미용에 좋다. 곡류가 정제 과정에서 상실되는 비타민B복합체가 풍부하기 때문에 고혈압이나 신경과민 증상에 탁월한 효과를 보이고, 혈액 순환과 간 기능을 좋게 하며 영양소 흡수를 돕고, 동맥경화에 효험이 있다.
마음을 안정시키며 어혈을 풀어 주는 효능이 있는 해바라기씨를 이용한 음식으로 해바라기씨멸치강정, 해바라기씨죽, 해바라기씨경단 등을 권한다.

## 해바라기씨멸치강정

**재료 ● 4인분**

- 잔멸치 · · · · · · · · · · · · · 100g
- 해바라기씨 · · · · · · · · · · · 300g
- 물엿 · · · · · · · · · · · · · · 1/2컵
- 황설탕 · · · · · · · · · · · · · 1/4컵
- 백설탕 · · · · · · · · · · · · · 1/4컵
- 깨소금 · · · · · · · · · · · · · 1큰술

**만드는 법**

1 해바라기씨는 마른 프라이팬에 달달 볶는다.
2 멸치도 마른 프라이팬에 달달 볶는다.
3 물엿, 황설탕, 백설탕, 깨소금을 넣고 끓인다.
4 끓인 소스에 1과 2를 넣고 졸인다.
5 조린 해바라기씨멸치강정을 넓은 접시에 담고 위에 대추를 돌돌 말아서 자른 다음 강정 위에 올리고 냉장고에 넣어 굳힌다.
6 먹기 좋은 크기로 잘라 낸다.

## 해바라기씨죽

| 재료 ● 4인분 |
|---|

해바라기씨 · · · · · · · · · · · · · · · 1/2컵
땅콩 · · · · · · · · · · · · · · · · · · · 1/4컵
불린 쌀 · · · · · · · · · · · · · · · · · 3큰술
검은깨 · · · · · · · · · · · · · · · · · · 1큰술
대추 · · · · · · · · · · · · · · · · · · · · 1개
소금 · · · · · · · · · · · · · · · · · · 1작은술

### 만드는 법

1 해바라기씨, 땅콩, 불린 쌀, 검은깨, 물을 믹서에 넣고 간다.
2 대추는 씨를 발라내고 돌돌 말아서 자른다.
3 냄비에 1을 넣고 센 불에서 끓이다가 어느 정도 끓으면 약한 불에서 저어 가면서 끓인 다음 소금으로 간한다.
4 죽을 그릇에 담고 대추채를 올린다.

### 맛있는 Tip

**해바라기씨**
소화기가 약하고 몸이 차며 허약한 사람들에게 좋다. 피부가 거친 사람은 매일 소량씩 장복하면 피부가 고와지고 성장기 어린이에게는 좋은 영양 식품이다. 혈액순환을 좋게 하여 동맥경화에 효험이 있으며 별다른 처방 없이 간식으로 조금씩 먹거나, 살짝 볶아 가루를 내어 1작은술씩 먹으면 좋다.

# 해바라기씨경단

| 재료 ● 4인분 |
|---|

찹쌀가루·················1컵
해바라기씨···············1/2컵
꿀····················1/2컵
카스테라··················1개

| 만드는 법 |
|---|

1 냄비에 꿀, 해바라기씨를 넣고 졸인다.
2 찹쌀가루는 익반죽하여 완자를 만들고 완자 속에 1의 소를 넣고 완자를 빚는다.
4 끓는 물에 완자를 삶는다.
5 해바라기씨는 곱게 빻아 주고 카스테라는 체에 내린다.
6 삶은 찹쌀경단을 5의 고물에 골고루 굴린다.

## 양기를 북돋워 다리 질환 개선에 도움이 되는 장어와 오가피

# 제8대 예종

생몰 연도 : 1450~1469년 / 재위 기간 : 1468~1469년

세조의 둘째아들로, 일찍이 해양대군에 봉해졌다가, 1457년(세조 3년) 9월 왕세자 장(暲 : 뒤에 덕종으로 추존됨)이 죽자 8세에 왕세자에 책봉되었다. 1466년부터 승명대리(承命代理)로 정무를 보아오다 1468년 9월 세조가 승하하기 직전 왕위를 이어받았다. 그러나 세조 말부터 세력이 커진 원상 세력과, 이시애(李施愛) 난 진압에 공을 세운 뒤 정치적 지위가 상승한 적개공신(敵愾功臣) 간의 권력다툼이 노골화되고 민란이 발생하는 등 재위기간이 순탄치 않았다. 삼포(三浦)의 사무역(私貿易)을 금했으며, 일반 농민이 둔전(屯田)을 경작하는 것을 허가했다. 14개월이란 짧은 기간 동안 재위하고 29세로 죽어 덕종의 둘째아들 자을산군이 왕위를 계승했다.

## 조선왕조실록 엿보기

### 오래도록 낫지 않자 목멱산과 백악산, 한강 등에 기도하게 하다

— 예종 1년 기축(1469, 성화 5) 1월 6일(신유)

임금이 족질(足疾)이 있은 지 오래 되어도 낫지 아니하여, 목멱산(木覓山)과 백악산(白岳山), 한강(漢江), 원각사(圓覺寺), 복세암(福世菴) 등에 기도하게 하였다. 도승지 권감(權瑊)은 또한 향(香)을 받아 가지고 내불당(內佛堂)으로 갔다. 신숙주와 한명회 등이 임금을 문안(問安)하고 말하기를, "지난번에 전지하시기를, '족질(足疾)로 인하여 인견(引見)하지 못한다.' 고 하시었는데, 지금 기도를 드리니, 놀라고 두려워 어찌할 바를 모르겠습니다." 하니, 임금이 말하기를, "내가 어릴 적부터 발에 조금 헌데[瘖處]가 있었는데, 추위가 심해지면서부터 아프기 시작하였으나, 지금은 좀 나았다." 하고, 곧 술을 먹이게 하였다. 신숙주 등이 아뢰기를, "지금 평안도 순찰사(平安道巡察使)는 김질(金礩)과 김국광(金國光)이 모두 마땅하나, 김질이 더욱 합당합니다." 하니, 임금이 옳게 여기었다.

上有足疾, 久未瘥, 令祈禱于木覓, 白岳, 漢江, 圓覺寺, 福世菴. 都承旨權瑊亦受香, 往內佛堂. 申叔舟, 韓明澮等問安曰: "囊者傳曰: '以足疾未得引見.' 今祈禱, 驚惶無地." 上曰: "予自少, 足有微瘖處, 寒深始痛, 然今已差愈矣." 仍令饋酒.

叔舟等啓曰: "今平安道巡察使, 則金礩, 金國光皆可, 而礩尤可." 上然之.]

## 족질로 정사를 보지 못하는 동안 지체된 일이 없는지 묻다
— 예종 1년 기축(1469, 성화 5) 11월 18일(무술)

승정원에 전지하기를, "내가 족질(足疾)로 오랫동안 정사를 보지 못하였는데, 지체된 일이 없느냐? 내가 무사는 활쏘기를 시험하고, 문사는 재예(才藝)를 시험하되, 한(漢) 나라와 당(唐) 나라 이래의 고사(故事)로써 책문하려고 하는데, 경 등은 어떻게 생각하느냐?" 하니, 승지(承旨) 등이 대답하기를, "진실로 마땅합니다." 하였다. [傳于承政院曰: "予以足疾, 久不視事, 無乃有滯事乎? 予欲武士試射, 文士試藝, 策之以漢, 唐以來故事, 卿等以爲何如?" 承旨等對曰: "允當."]

### 내의원 진단

족질(足疾)이란 발에 있는 질병이란 뜻으로 예종이 앓았던 족질은 단순히 발에 상처가 있거나 발목을 삔 정도는 아니었던 것 같다. 그런 정도라면 정사를 보지 못할 정도는 아닐 뿐만 아니라, 그 증상이 어릴 때부터 계속 있으면서 추워지면 통증이 심해진다고 하니, 이는 간신(肝腎)의 기능이 허해져서 양기(陽氣)가 부족해 생긴 각기병의 일종으로 생각된다.

《동의보감》에서는 피로가 누적이 되고 생식 기능이 약해져, 근육과 뼈가 여리고 아프며 늘어지거나 차갑게 시리거나 마비되는 증상을 치료하는 처방이 나온다. 실제 임상에서도 다리나 뼈에 바람이 드는 것 같다며 아프고 저린 증상을 호소하는 사람이 많고, 의외로 한방에서는 치료가 잘되는 편이다. 보통 산후조리를 제대로 하지 못했거나 유산을 많이 한 여성들에게 많이 발생되며, 요새는 양기가 부족한 남자들에게도 많이 나타난다. 양기를 북돋우어 주는 것이 다리 질환을 치료하는 근본적인 치료법이 되므로 양기를 북돋우어 각기를 치료하는 뱀장어나, 근골을 튼튼하게 만들어 각기를 치료하는 오가피 등을 추천한다.

## 수라간의 음식 처방 - 장어와 오가피를 이용한 음식

### 장어볶음 / 장어구이 / 오가피백숙

뱀장어는 성질이 찬데, 오가피의 따뜻한 약성이 찬 성질을 중화시킨다. 기름기에는 약간의 독이 있으므로 달일 때 기름을 걷어 내고 복용해야 하며, 오가피를 약간 사용하여 해독하면 좋다. 두 식재료 모두 노화 억제에 탁월할 효과가 있고, 허약한 것을 보(補)하는 효과가 있다. 뱀장어에는 칼슘, 단백질, 비타민A, C, D 외에도 아연과 구리 성분이 들어 있고, 오가피는 근육과 뼈를 견실하게 하여 두 가지를 같이 복용하면 시너지 효과가 있다.

근골을 튼튼하게 만들어 각기 치료에 좋은 뱀장어와 오가피를 이용한 음식으로 장어볶음, 장어구이, 오가피백숙 등을 권한다.

### 장어볶음

| 재료 ● 4인분 |
| --- |
| 장어 · · · · · · · · · · · · · · · · · 1마리 |
| 쪽파 · · · · · · · · · · · · · · · · · · 50g |
| 당근 · 셀러리 · · · · · · · · · · 각 40g |
| 붉은 고추 · · · · · · · · · · · · · · · 1개 |
| 꽃빵 · · · · · · · · · · · · · · · · · · · 3개 |
| 식용유 · · · · · · · · · · · · · · · · · · 2컵 |
| *밑간 재료(다진 파 1큰술, 생강·다진 마늘 1작은술, 두반장·굴소스 1큰술, 고추기름 2큰술, 식용유 약간) |
| *양념(생강·다진마늘 각 1작은술, 두반장·굴소스 1큰술, 고추기름 2큰술) |
| *소스(설탕 1/2큰술, 청주 2큰술, 물 2큰술, 녹말 1/2큰술) |

**만드는 법**

1. 손질한 쪽파와 당근은 5cm 길이로 썬다.
2. 셀러리는 겉면의 섬유질을 벗겨 내고 5cm 정도로 채 썬다.
3. 장어는 5cm 길이로 토막내어 결 반대 방향으로 0.5cm 폭으로 채 썬다.
4. 3에 밑간 재료를 넣고 조물조물 무쳐 잘 섞은 뒤 마지막에 식용유를 넣고 버무린다.
5. 냄비에 식용유를 붓고 150°C가 되면 4의 장어를 넣고 튀긴다. 색이 노릇해지면 건져 기름을 뺀다.
6. 분량의 재료로 양념을 만든다. 팬에 고추기름을 두르고 생강과 다진 마늘을 넣고 볶다가 두반장과 굴소스를 넣고 약한 불에서 볶는다.
7. 6에 파의 푸른 부분을 제외한 채소를 모두 넣고 센 불에서 볶다가 튀긴 장어를 넣고 소스를 부어 볶는다. 마지막에 파를 넣고 살짝 볶는다.
8. 꽃빵을 곁들인다.

# 장어구이

### 재료 ● 4인분

장어 · · · · · · · · · · · · · · · · · 1마리
생강 · · · · · · · · · · · · · · · · · 10g
*양념장(간장 1½컵, 장어국물 2컵, 미림 3큰술, 물엿 1큰술, 설탕 1 큰술)

*장어 손질하기 : 장어를 도마에 올려놓고 송곳을 아가미 밑에 꽂는다. 등쪽으로 가른 뒤 뼈와 내장을 빼내고 머리를 떼어 낸다. 뼈는 토막을 내고 장어는 2등분한다.

### 만드는 법

1 장어를 손질해 놓는다.
2 생강은 껍질을 벗겨 가늘게 채 썰어 찬물에 담갔다가 건져 낸다.
3 냄비에 양념장을 넣고 은근한 불에서 조린다(장어국물은 냄비에 장어 뼈와 물을 넣고 푹 끓여서 국물이 반으로 줄 때까지 조린다).
4 장어를 석쇠에 놓고 양쪽을 초벌구이한다.
5 초벌구이한 장어를 4cm 길이로 썰어 조린 양념장을 2~3회 발라 가며 석쇠나 그릴에서 굽는다.
6 그릇에 담고 채 썬 생강을 얹는다(산초가루를 뿌려 먹으면 좋다).

# 오가피백숙

| 재료 ● 4인분 |
|---|

닭(큰것) · · · · · · · · · · · · · 1/2마리
가시오가피 · · · · · · · · · · · · 100g
둥글레 · 당귀 · 허깨나무 · 황기 · 녹
각 · 대추 · · · · · · · · · · · · · 각 5g
마늘 · · · · · · · · · · · · · · · · · 10쪽
찹쌀 · · · · · · · · · · · · · · · · · 1/2컵
소금 · · · · · · · · · · · · · · · · 1작은술

| 만드는 법 |
|---|

1 닭을 깨끗이 손질한다.
2 찹쌀은 씻어서 불려 놓는다.
3 닭에 둥글레, 당귀, 허깨나무, 황기, 녹각, 대추를 넣어서 끓인다.
4 닭이 익으면 마늘과 찹쌀을 넣고 끓이면서 저어 준 다음 소금으로 간한다.

| 맛있는 Tip |
|---|

**황기**

한국, 일본, 중국 북동부, 시베리아 동부 등지에 분포한다. 약초로 재배하며 한방에서는 가을에 채취하여 햇빛에 말린 것을 황기라 하는데, 이뇨 등에 효과가 있다. 신체 허약, 피로와 권태로움, 식은땀을 흘릴 때 좋다고 한다.

## 서병을 다스리고 면역력을 키워 주는 오미자

# 제9대 성종

생몰 연도 : 1457~1494년 / 재위 기간 1469~1494년

세조의 큰아들 의경세자(후에 덕종으로 추존)와 세자빈 한씨의 둘째아들로 태어나, 예종이 승하한 다음 날 바로 왕으로 추대되었다. 13세에 왕위에 올라 성인이 될 때까지 7년간 세조의 비인 정희왕후의 수렴청정을 받았지만, 치세에 능한 성종은 권력의 균형을 이루고 유교 사상을 더욱 정착시켜 왕도 정치를 실현, 조선 개국 이래 가장 발전하고 평화로운 시대를 열었다.《경국대전》의 반포와 전세(田稅)의 관수관급제(官收官給制) 실시, 유학의 장려 등을 통해 태종대에 본격적으로 정비되기 시작한 조선 봉건국가 체제를 완성했다. 재위 중 훈구 세력을 견제하기 위해 신진 사림 세력을 등용함으로써 훈구파와 사림파의 대립과 투쟁으로 특징지어지는 조선 중기의 권력 구조가 배태되었다.

### 조선왕조실록 엿보기

## 감기를 앓으니 원상들이 대왕대비에게 임금이 육즙을 들도록 권할 것을 청하다

— 성종 즉위년 기축(1469, 성화 5) 12월 13일(임술)

임금이 감기(感氣)를 앓은 지가 여러 날이 되었다. 원상(院相) 신숙주(申叔舟)·한명회(韓明澮)·최항(崔恒)이 대왕대비에게 아뢰어서, 임금에게 육즙(肉汁)을 올리도록 청하니, 전교(傳敎)하기를, "내가 이미 이를 권했는데도 따르지 않으니, 마땅히 경(卿) 등의 말로써 다시 권하겠다." 하였다.

[上患感冒有日, 院相申叔舟, 韓明澮, 崔恒啓于大王大妃, 請進肉汁. 傳曰 : "予已勸之, 不從. 當以卿等言, 更勸之."]

## 의관 송흠이 임금의 병세를 말하다

— 성종 25년 갑인(1494, 홍치 7) 12월 23일(무인)

의정부(議政府)와 육조(六曹)에서 빈청(賓廳)에 나아가서 문안하니, 전교하기를, "내 증세는 송흠

(宋欽)이 알 것이다." 하였다. 윤필상(尹弼商)과 윤호(尹壕)가 합문(閤門) 안에 나아가서 문안하고, 인하여 송흠 등으로 하여금 들어가서 진후(診候)하도록 할 것을 청하였다. 진시(辰時)에 송흠이 안에 들어가서 진후하고 나와서 말하기를, "성상의 몸이 몹시 여위셨고, 맥도(脈度)가 부삭(浮數)하여 어제는 육지(六指)였는데, 오늘은 칠지(七指)였습니다. 그리고 얼굴빛이 위황(痿黃)하고 허리 밑에 적취(積聚)가 있고, 내쉬는 숨[呼]은 많고 들이쉬는 숨은 적으며, 입술이 또 건조(乾燥)하십니다. 성상께서 큰 소리로 약을 물으시므로, 아뢰기를, '청심연자음(淸心蓮子飮)·오미자탕(五味子湯)·청심원(淸心元) 등의 약은 청량(淸涼)한 재료가 들어 있어서 갈증(渴證)을 그치게 할 수 있으니, 청컨대 이를 진어하게 하소서.' 라고 하였습니다. 또 성상의 몸을 보선내 억지로 참으시면서 앉으신 듯하기 때문에 마침내 물러나왔습니다." 하였다. [議政府六曹詣賓廳問安, 傳曰: "予證宋欽知之." 尹弼商, 尹壕詣閤門內問安, 仍請令宋欽等入(脛)〔診〕候. 辰時宋欽入內(脛)〔診〕候. 出言曰: "上體瘦困, 脈度浮數, 昨日六指, 今則七指. 面色痿黃, 腰下積聚, 呼多吸少, 脣又乾燥. 上厲聲問藥, 啓曰: '淸心蓮子飮, 五味子湯, 淸心元等藥, 所入淸涼, 可以止渴, 請進之.' 且觀上體似乎強忍而坐, 故遂退."]

## 내의원 진단

성종은 온갖 질병에 시달리다 38세의 젊은 나이에 사망하였는데 그중에서 가장 성종을 괴롭힌 질병은 서병(暑病)에 의한 감기 증상이라 말할 수 있다. 성종이 11세에 한명회의 집에서 자랄 때에 얻은 서병이 매년 여름철만 되면 재발했으며, 심한 경우에는 인사불성에 이르렀고, 평소에는 두통과 감기와 설사 증상을 동반하는 경우가 많았다고 한다. 이런 서병은 겨울철까지도 이어져 감기 증상이 끊이지 않았다. 외부에서 들어오는 나쁜 기운에 대항해 맞서는 성종의 면역력이 매우 약해져 있었음을 알 수 있다.

얼굴이 누렇게 뜨면서 허리가 뭉치고 입술이 마르며 갈증이 심했던 것으로 미루어 보아, 열이 매우 심했음을 알 수 있다. 단순히 열만 떨어뜨리는 것이 아니라 모자란 진액을 보충해 줄 수 있는 오미자가 좋았을 것이다.

## 수라간의 음식 처방 - 오미자를 이용한 음식

### 오미자약식 / 오미자양갱 / 오미자화채

오미자는 껍질의 신맛, 과육의 단맛, 씨의 맵고 쓴맛, 전체적으로 가지고 있는 짠맛까지 다섯 가지 맛이 배어난다고 해서 오미자라고 불리며, 오미는 오장(五臟)과도 궁합이 잘 맞는다.

오미자는 눈을 밝게 하고 양기를 세게 하여 정력을 도우며, 술독을 풀고 피로 회복을 도와준다. 간염 치료 효과가 있고, 간 보호 작용을 한다. 또한 궤양을 예방하고 위액 분비를 억제하고 진통 작용이 있으며, 각종 세균을 억제하는 작용이 있다. 혈액 순환 장애를 개선하는 데 도움이 되며 중추신경 계통의 뇌, 정신 기능을 안정시켜 치매를 예방하고 수험생에게도 좋다.

기침과 천식에 좋고, 혈당치를 떨어뜨려 당뇨병 환자에게도 도움이 된다. 오미자를 이용한 음식으로 오미자약식, 오미자양갱, 오미자화채 등을 권한다.

## 오미자약식

| 재료 ● 4인분 | 만드는 법 |
|---|---|
| 오미자물 · · · · · · · · · · 2컵<br>밤 · 대추 · · · · · · · · · 각 5개<br>설탕 · · · · · · · · · · · · 1/2컵<br>잣 · · · · · · · · · · · · · · 1큰술<br>참기름, 계피가루 · · · · 1작은술<br>오미자 · · · · · · · · · · · 1/2컵<br>물엿 · · · · · · · · · · · · · 3큰술 | 1 찹쌀을 깨끗이 씻어서 오미자 우린 물에 충분히 불린다.<br>2 불린 찹쌀을 찜통에 찐다.<br>3 대추는 씨를 빼고 3~4등분한다.<br>4 밤은 껍질을 벗겨 얇게 슬라이스한다.<br>5 찹쌀밥, 밤, 대추, 은행, 잣을 오미자 물에 담그고 찜통에 보자기를 깔고 충분히 익을 때까지 찐다. |

# 오미자양갱

| 재료 ● 4인분 | |
|---|---|
| 오미자 | 1/2컵 |
| 흰팥앙금 | 100g |
| 설탕 | 1/3컵 |
| 한천(젤라틴) | 50g |
| 밤 | 5개 |
| 대추 | 5개 |

### 만드는 법

1 오미자는 충분히 불려서 물을 우려낸다.
2 밤과 대추는 씨를 빼고 4등분하고 밤은 껍질을 벗겨 슬라이스한다.
3 냄비에 우려낸 1과 설탕, 흰팥 앙금, 한천을 넣고 끓이다가 밤, 대추를 넣어 졸인 다음 그릇에 넣고 굳혀 적당한 크기로 썬다. 밤과 대추는 설탕물에 조려서 사용한다.

### 맛있는 Tip

**오미자 보관법**

오미자는 냉동실에 보관하는 것이 붉은 색의 선명함의 보존과 부패를 방지할 수 있다.

# 오미자화채

| 재료 ● 4인분 | |
|---|---|
| 오미자 | 1/4컵 |
| 물 | 2컵 |
| 설탕 | 2큰술 |
| 꿀 | 2큰술 |
| 배 | 1/2개 |
| 잣 | 1작은술 |

### 만드는 법

1 오미자는 티를 골라내고 씻는다.
2 물은 끓여서 식힌 다음 오미자를 넣고 12시간 우려낸다.
3 우린 오미자를 면포에 걸러 낸다.
4 배는 껍질을 벗겨서 슬라이스한 다음 모양 틀로 찍는다.
5 오미자 물에 설탕과 꿀을 넣어 섞은 다음 배와 잣을 띄운다.

## 양기를 보하는 복분자

# 제10대 연산군

생몰 연도 1476~1506년 / 재위 기간 1494~1506년

성종과 정현왕후 윤씨 사이에서 태어난 연산군은 1494년 성종 승하 후 조선의 10대 왕이 되었다. 즉위초 비융사(備戎司)를 두어 병기를 만들게 하고, 변경으로 백성을 이주시키는 한편, 녹도(鹿島)에 쳐들어온 왜구를 물리치고 건주야인(建州野人)을 토벌하는 등 국방에 힘썼다. 또한 사창(社倉)·상평창(常平倉)·진제장(賑濟場)을 설치하는 등 빈민 구제를 위한 조치를 취하고, 사가독서(賜暇讀書)를 부활시켰으며,《경상우도지도(慶尙右道地圖)》《국조보감(國朝寶鑑)》《동국명가집(東國名歌集)》 등을 간행하고,《속국조보감(續國朝寶鑑)》《역대제왕시문잡저(歷代帝王詩文雜著)》《여지승람(輿地勝覽)》을 완성했다. 그러나 사림파 제거를 노린 훈구파의 정치적인 공작과, 어린 나이에 어머니를 잃게 되면서 형성된 성격상의 문제가 겹쳐 1498, 1504년 두 차례에 걸쳐 대규모의 사화를 일으켰다. 2차례에 걸친 사화로 1506년 성희안·박원종 등이 군사를 일으켜 성종의 둘째아들 진성대군(중종)을 왕으로 세움에 따라 왕위에서 쫓겨나 군(君)으로 강등된 뒤 강화도에 유배되었다가 끝내 그곳에서 생을 마쳤다.

### 조선왕조실록 엿보기

#### 승정원이 왕의 잦은 소변에 대한 치료약을 아뢰다

— 연산군 1년 을묘(1495, 홍치 8) 1월 8일(임진)

승정원에서 아뢰기를, "전하께서 소변이 잦으시므로 축천원(縮泉元)을 드리라 하시는데, 신 등의 생각으로는 전하께서 오래 여차(廬次)에 계시고 조석(朝夕)으로 곡위(哭位)에 나가시므로 추위에 상하여 그렇게 된 것이오니, 만약 하상(下裳) 사폭(邪幅)과 버선에다 모피(毛皮)를 붙여서 하부(下部)를 따뜻하게 하면 이 증세가 없어질 것입니다. 그렇게 하지 않고 약을 내복(內服)하시면 비위(脾胃)를 상할 염려가 있습니다." 하니, 전교하기를, "의원의 말이 '쑥으로 뜨라' 하므로 내가 방금 시험하는 중이며, 잠방이 속에 산양피(山羊皮)를 붙이려 하였더니, 소변 자주 나오는 증세가 전일보

다 조금 덜하다." 하였다. [承政院啓: "殿下因小便數, 命進縮泉元. 臣等意, 殿下久居廬次, 而朝夕出就哭位, 觸寒所致. 若於下裳邪幅與襪, 加以毛皮, 溫煖下部, 則無此證. 不爾而內服藥餌, 恐傷脾胃." 傳曰: "醫云" '以艾熨之' "予方試之, 而欲於褌內加山羊皮. 其小便數證, 比舊稍減."]

## 내의원 진단

소변을 자주 보는 증상은 참으로 불편한 증상이다. 혹시라도 밤에 볼일을 자주 보게 되면, 피로회복에 절대적으로 필요한 충분한 숙면을 취하지 못하게 되므로 더욱 큰 문제라고 할 수 있겠다.
이렇게 소변이 자주 마려운 증상은 방광이나 기타 요로계의 괄약근 등이 약해져 생기는 경우도 있지만, 하초(下焦)의 기능성이 약해져 생기는 경우도 종종 있다. 아랫배가 차가우면서 소변 줄기가 시원찮고 수시로 조금씩 자주 보게 되는 경우는 이른바 양기(陽氣)가 부족해졌을 때 나타나는 증상이다. 연산군의 경우에도 아랫배를 따뜻하게 덥혀 주고 뜸을 떠서 온기를 불어넣어 주니 증상이 호전되었다는 기록을 볼 때, 양기가 매우 부족했음을 알 수 있다. 조선시대 왕들 중에서 사치와 방탕과 패륜 등으로 왕위를 빼앗긴 유일한 왕이었던 것을 보면, 비뇨생식 계통의 양기를 무척 많이 소모하였으리라 짐작이 된다.
이와는 조금 다르지만, 유산을 많이 했거나 산후 조리를 제대로 하지 못해서 생긴 여성들의 빈뇨나 요실금의 경우도 자궁이 배속되어 있는 아랫배를 따뜻하게 해 주면 호전되는 경우가 많다. 뜸을 뜰 수 없다면 따뜻한 찜질이라도 자주 해 주는 것이 좋으며, 배꼽티나 비키니 등은 가급적이면 입지 않는 것이 좋겠다.
《동의보감》에는 복분자에 대해 '성질은 평(平)하며 맛은 달고 시며 독이 없다. 남자의 신기(腎氣)가 허하고 정(精)이 고갈된 것과 여자가 임신되지 않는 것을 치료한다. 또한 간을 보하며 눈을 밝게 하고 기운을 도와 몸을 가뿐하게 하며 머리털이 희어지지 않게 한다' 고 기록되어 있다. 실제로 이뇨 작용을 조절, 신장의 기능을 보해 주는 작용을 하여 야뇨증에 효과가 있는 것으로 알려져 있다. 요강을 엎어 버린다는 뜻의 이름을 가진 복분자(산딸기)를 술이나 음식, 차로 마주 먹는 것도 하나의 방법이라 할 수 있겠다.

# 수라간의 음식 처방 - 복분자를 이용한 음식

## 복분자오이냉국 / 복분자칼국수 / 복분자구절판

복분자는 산딸기의 한자명으로, 남녀의 양기와 음기의 보호에 탁월한 효과가 있는 것으로 알려졌다. 기운을 돕고 몸을 가볍게 하며 머리털이 희어지지 않게 하고 눈을 밝게 하며, 남성의 신기 부족·정액 고갈·여성의 불임에 효과가 있는 것으로 알려져 있다. 실제로 복분자에는 여성 호르몬인 에스트로겐과 유사한 피토 에스트로겐이 들어 있다.

복분자의 성분을 보면 탄수화물로 포도당(43%)·과당(8%)·서당(6.5%)·펙틴 등이, 유기산으로 레몬산·사과산·살리실산·카프론산·개미산이, 비타민으로는 B와 C가 함유되어 있으며, 엽산과 아연도 풍부하여 어린이의 성장 발육에 좋다. 또한 카로틴·폴리페놀·안토시안·염화시아닌배당체 등 색소 성분이 풍부하여, 항암·항산화 효과를 인정받고 있다.

복분자를 이용한 음식으로 복분자오이냉국, 복분자칼국수, 복분자구절판 등을 권한다.

## 복분자오이냉국

### 재료 ● 4인분

- 복분자가루 · · · · · · · · · · · · 1작은술
- 오이 · · · · · · · · · · · · · · · · · · · 1개
- 미역 · · · · · · · · · · · · · · · · · · · 50g
- 식초 · · · · · · · · · · · · · · · · · · · 1큰술
- 설탕 · · · · · · · · · · · · · · · · · · · 1큰술
- 소금 · · · · · · · · · · · · · · · · · · · 1작은술
- 마늘 · · · · · · · · · · · · · · · · · · · 1쪽

### 만드는 법

1. 물을 끓여서 복분자가루를 넣고 젓는다.
2. 오이는 채 썬다.
3. 미역은 끓는 물에 데쳐서 3cm 길이로 썬다.
4. 1에 식초, 설탕, 소금, 마늘을 넣고 간한 다음 오이와 미역을 넣는다.

# 복분자칼국수

| 재료 ● 4인분 |
|---|

- 복분자가루 · · · · · · · · · · 1작은술
- 밀가루 · · · · · · · · · · · · · · · 1컵
- 달걀 · · · · · · · · · · · · · · · · · 1개
- 모시조개 · · · · · · · · · · · 100g
- 다시마 · · · · · · · · · · · · · · 1쪽
- 멸치 · · · · · · · · · · · · · · · 5마리
- 마늘·호박 · · · · · · · · · 각 50g
- 소금 · · · · · · · · · · · · · 1작은술
- 물 · · · · · · · · · · · · · · · · · 1/3컵

| 만드는 법 |
|---|

1 밀가루를 체에 내린 다음 복분자가루와 달걀, 물을 넣어 반죽한다.
2 모시조개는 깨끗이 씻어서 소금물에 담가 해감을 뺀다.
3 마늘은 다지고 호박은 채 썬다.
4 냄비에 다시마와 멸치를 넣어서 육수를 끓인 다음 모시조개를 넣고 끓인다.
5 반죽을 밀대로 밀어서 채 썰어 국수를 준비한다.
6 4에 5를 넣어서 끓이다가 호박과 마늘을 넣고 소금으로 간한 다음 한소끔 더 끓인다.

# 복분자구절판

| 재료 ● 4인분 |
|---|

복분자가루 · · · · · · · · · · · 1작은술
밀가루 · · · · · · · · · · · · · · 1/2컵
당근 · 오이 · · · · · · · · · · · 1/2개
햄 · · · · · · · · · · · · · · · · · 50g
표고버섯 · · · · · · · · · · · · · 50g
석이버섯 · · · · · · · · · · · · · 20g
쇠고기 · · · · · · · · · · · · · · 100g
달걀 · · · · · · · · · · · · · · · · 1/2
식용유 · · · · · · · · · · · · · · · 1컵
소금 · · · · · · · · · · · · · 1/2작은술
＊겨자장(겨자 1큰술, 식초 · 설탕 1큰술, 간장 1작은술, 소금 1/2작은술)

| 만드는 법 |
|---|

1 밀가루에 복분자가루와 소금, 물을 섞어 걸쭉한 상태로 반죽해서 체에 내린다.
2 팬에 기름을 두르고 1의 반죽으로 지름 6cm 정도의 전병을 얇게 부친다.
3 당근은 길이 5cm로 채 썰고, 오이도 돌려깎기 한 다음 같은 길이로 채 썬다.
4 햄과 표고는 5cm 길이로 채 썬다.
5 석이버섯은 곱게 채 썬다.
6 고기도 표고와 같은 크기로 채 썬다.
7 달걀을 흰자와 노른자로 분리하여 황백지단을 부친다.
7 팬에 기름을 두르고 오이, 당근, 석이, 햄, 표고, 고기순으로 익힌다.
8 겨자를 따뜻한 물에 개어 끓는 따뜻한 곳에서 발효시킨 뒤 식초 · 설탕 · 간장 · 소금으로 양념한다.
9 그릇에 모든 재료들을 색깔을 고려하여 가지런히 돌려 담고 가운데 전병을 담아 겨자장을 곁들인다.

### 냉기의 침입으로 인한 풍한증을 다스리는 쇠고기

# 제11대 중종

생몰 연도 1488~1544 / 재위 기간 1506~1544

성종과 정현왕후 윤씨 사이에 태어나, 1506년 연산군이 폐출되면서 조선의 11대 왕이 되었다. 연산군 때 파괴되었던 여론 제도 등 유교 정치의 복구와 교학(敎學)의 강화를 최대의 과제로 삼고 조광조를 필두로 한 사림파를 개혁정치를 시도했다. 하지만 조광조의 개혁정치는 반정공신 세력을 비롯한 훈구파의 반발을 사게 되었고, 후에 기묘사화의 원인이 되었다. 이 시대에는 남쪽에서는 왜구, 북쪽에서는 야인(野人)의 침입이 빈번, 이 같은 남왜북로의 침입에 대비한 제도적 정비도 이루어져 정로위(定虜衛)·비변사(備邊司)가 설치되었다. 중종은 즉위초부터 성리학을 장려하고 향약을 실시하는 등 성리학적 윤리를 향촌 사회에 제도적으로 정착시키려 했다. 재위 기간 동안 인쇄술이 발달하여 간행 사업이 활발히 진전되었다.

## 조선왕조실록 엿보기

## 겨울에 각사가 전약을 제조하느라 소를 잡는 폐단이 크니, 진상하는 것 외에는 금하도록 하라

— 중종 12년 정축(1517, 정덕 12) 12월 28일(기사)

대간이 전의 일을 아뢰고, 헌부가 아뢰기를, "겨울에 각사(各司)가 모두 달이는 약을 제조하느라 산 소를 잡아 그 가죽으로 달이게 되니 그 폐단이 매우 큽니다. 진상하는 것 외에는 일체 금지시키기를 청합니다. 전라 좌도 수사 이종인(李宗仁)은 성품이 본래 음흉하고 사나워 관하의 수령들을 거개 마음대로 부렸습니다. 순천 사람 박해(朴瀣)가 그 계증조모(繼曾祖母)의 노비에 대한 소송을 하여 상(上)의 판결을 얻기까지 하였는데, 그가 해(瀣)의 여비를 첩으로 삼고는 그를 빼앗으려고 서로 아는 사이인 녹사(錄事) 이숙량(李叔良)으로 하여금 사손(使孫)이라 칭하며 낙안(樂安)에 소송하게 하고, 또 그 고을 원 백수장(白壽長)에게 부탁하여 잘못된 일이 있다고 핑계해서 박해를 장살(杖殺)하고 숙량에게 그 노비를 모두 가지게 하였고, 이어 숙량을 후하게 대우하여 그가 가지고 싶은

자는 모두 데려가게 하였습니다. 종인은 먼저 파직시키고 뒤에 추문하며, 동시에 수장과 숙량을 추문하고 그가 가진 노비는 관부에 소속시키기를 청합니다." 하니, 전교하기를, "달이는 약은 일절 금하라. 이종인의 범행은 비록 중하나, 어찌 추문하지 않고 먼저 파직시킬 수가 있겠는가? 백수장과 이숙량 및 노비 등은 먼저 추문하고 뒤에 처치하는 것이 옳다. 나머지는 모두 윤허하지 않는다." 하였다. [臺諫啓前事. 憲府啓曰: "冬月各司, 皆劑煎藥, 殺取生牛皮煮之, 其弊至重. 進上外請一切禁之. 全羅左道水使李宗仁, 性本陰鷙, 管下守令, 擧爲頤指氣使. 順天人朴瀿訟其繼曾祖母奴婢, 至得御決, 而以瀿婢爲妾而欲奪之, 使所知錄事李叔良, 托稱使孫, 訟于樂安, 宗仁囑其囑白壽長, 托以違端, 杖殺朴瀿, 使叔良盡得其奴婢, 仍厚待叔良, 盡取其所欲得者而帶去. 宗仁請先罷後推, 幷推壽長, 叔良, 其所得奴婢, 幷屬公." 傳曰: "煎藥一切禁之. 李宗仁所犯雖重, 然何可不推而先罷乎? 白壽長, 李叔良及奴婢等, 先推後處之, 可也. 餘皆不允."]

## 풍한증의 약을 짓게 하다
— 중종 27년 임진(1532, 가정 11) 10월 21일(을미)

전교하였다. "요즈음 풍한증(風寒證)이 있어서 이 때문에 오른쪽 어깨가 붓고 아프다. 이제 약(藥)을 하문해야겠으니 내의원 관원 하종해(河宗海)와 홍침(洪沈)을 불러 맥을 본 의녀(醫女)의 말을 듣고 나서 합당한 약을 올리게 하라." [傳曰: "近有風寒之證, 因此右脅浮痛. 今當問藥, 其招內醫院官員河宗海, 洪沈, 使聽按脈醫女之言, 以進當藥."]

## 내의원 진단

어깨가 붓고 아픈 증상도 여러 가지 원인이 있을 수 있지만, 중종의 경우에는 차가운 기운이 몸을 엄습해서 생긴 질환이라 볼 수 있다. 그 원인과 증상을 해결하기 위해서는 외부에서 들어오는 나쁜 바람과 차가운 기운을 막도록 해야 하며, 이에 적합한 보양식이 바로 전약(煎藥)이었다. 겨울이 되면 내의원에서 왕을 위한 특별 보양식을 만들었으며, 이것이 바로 악귀를 물리치고 추위에 몸을 보하는 효력을 가졌다고 알려진 전약이다. 쇠족·쇠머리 가죽·대추·계피·후추·꿀을 넣어서 고아 굳힌 보양식을 전약이라 하며, 여기에 정향, 생강을 추가로 섞어 묵처럼 엉기게 만들어 왕에게 진상했다고 한다. 한 가지 특이한 점은 중종의 맥을 본 사람이 의관이 아니라 의녀라는 점이다. 익히 알고 있듯이 드라마 《대장금》의 시대적 배경이 바로 이때이다. 중종은 정말 어의보다도 의녀를 더 신뢰하고 있던 것은 아니었을까.

# 수라간의 음식 처방 - 쇠고기를 이용한 음식

## 쇠고기안심편채 / 쇠고기채소비후까스 / 쇠고기완자장조림

쇠고기는 몸이 찬 사람이나 병을 앓고 난 뒤 보양식으로 정평이 나 있으며, 비위를 보하는 효능이 있어 소화가 제대로 되지 않는 사람들에게도 널리 권할 만하다. 또한 쇠고기는 동물성 단백질과 비타민이 골고루 함유되어 영양가적 측면에서 보더라도 단연 발군의 식품이라 할 수 있다. 성장기에 필수적 단백질인 라이신이 풍부하여 성장기 아동에게는 최상의 음식이 된다. 기혈 허약, 비위 허약, 몸이 마르고 약할 때, 병을 앓고 난 뒤 몸이 약할 때, 수술한 뒤 몸조리를 할 때, 산후에 적당한 음식이다. 쇠고기는 콜레스테롤 수치가 높지만 참기름과 함께 먹으면 콜레스테롤이 침착하는 것을 막을 수 있다.

몸의 기를 보호하는 데 좋은 쇠고기를 이용한 음식으로 쇠고기안심편채, 쇠고기채소비후까스, 쇠고기완자장조림 등을 권한다.

## 쇠고기안심편채

### 재료 ● 4인분

- 쇠고기 슬라이스 · · · · · · · · · · 100g
- 깻잎 · · · · · · · · · · · · · · · · · · · · 6장
- 청피망 · 홍피망 · · · · · · · · 각 1/2개
- 당근 · · · · · · · · · · · · · · · · · · · · 50g
- 무순 · · · · · · · · · · · · · · · · · · · · 1/2팩
- 찹쌀가루 · · · · · · · · · · · · · · · · 2큰술
- 소금 · · · · · · · · · · · · · · · · · · · · 1작은술
- 식용유 · · · · · · · · · · · · · · · · · · 1큰술
- ＊겨자소스(연겨자 1큰술, 식초 2큰술, 간장 1큰술, 참기름 1작은술, 설탕 1/3큰술)

### 만드는 법

1. 쇠고기에 후추와 소금을 뿌려 밑간을 한다.
2. 달군 팬에 기름을 두른 다음 1에 찹쌀가루를 묻혀 팬에 올려 익힌다.
3. 홍피망, 피망, 당근은 채 썬다.
4. 깻잎은 깨끗이 씻고 소스 재료를 섞어 겨자 소스를 만든다.
5. 2의 고기에 채소를 넣어 돌돌 말아 주고 겨자 소스와 곁들여 담아 낸다.

# 쇠고기채소비후까스

### 재료 ● 4인분

쇠고기 슬라이스 · · · · · · · · · · · 2장
양파찹 · 당근찹 · 셀러리찹 · · 각 1큰술
케첩 · · · · · · · · · · · · · · · · · · · 1큰술
소금 · 후추 · · · · · · · · · · · · 각 1작은술
우스타소스 · · · · · · · · · · · · · 2.5큰술
월계수잎 · · · · · · · · · · · · · · · · · 2장
피자치즈 · · · · · · · · · · · · · · · · 2큰술
빵가루 · · · · · · · · · · · · · · · · · · 1컵
밀가루 · · · · · · · · · · · · · · · · · · 1컵
달걀 · · · · · · · · · · · · · · · · · · · · 1개
우유 · · · · · · · · · · · · · · · · · · · 1컵
식용유 · · · · · · · · · · · · · · · · · · 2컵

### 만드는 법

1 쇠고기는 소금, 후추로 밑간 한다.
2 양파, 당근, 셀러리는 팬에 기름을 두르고 익힌 다음, 케첩, 소금, 후추, 우스타소스, 웰계수잎을 넣어 끓인 뒤 웰계수잎을 건져 낸 뒤 설탕으로 간한다.
3 고기에 치즈를 뿌리고 밀가루를 입혀 가운데 2를 넣고 다시 고기에 밀가루를 묻혀 위에 올린 다음 달걀물을 씌우고 기름에 튀긴다.

\* 접시에 밥과 샐러드, 김치를 곁들이면 멋진 양식 코스 요리가 된다.

### 맛있는 Tip

**쇠고기와 파인애플의 찰떡궁합**
쇠고기의 단백질은 영양가가 높기는 하나 성인병의 원인이 되는 콜레스테롤이 많다. 파인애플에 풍부한 브로멜라인(bromelain)이라는 효소는 고기를 연하게 만들고 소화를 촉진하는 작용을 하므로 쇠고기 요리 재료로 사용해도 좋고 고기를 먹은 뒤에 후식으로 먹어도 도움이 된다.

# 쇠고기완자장조림

| 재료 ● 4인분 | 만드는 법 |

쇠고기 간 것 · · · · · · · · · · · · 200g
메추리알 삶은 것 · · · · · · · · · · 7개
*고기 양념(다진 마늘 2작은술, 맛술 1 큰술, 생강, 후추)
*조림장(다진 파 2큰술, 간장 5큰술, 맛 술 2큰술, 물 2컵)

1 다진 고기에 고기 양념 재료를 넣고 치대서 완자 모양으로 만들고, 메추리알은 삶아서 껍질을 벗긴다.
2 분량의 재료를 냄비에 넣고 팔팔 끓여 조림장을 만든다.
3 간장이 끓으면 완자를 넣는다.
4 고기 겉면이 적당히 익으면 쇠고기 완자를 넣고 국물이 자작하게 남을 때까지 조린다.

## 피로 누적으로 생긴 해수천식 치료에 쓰이는 매실

# 제12대 인종
생몰 연도 1515~1545 / 재위 기간 1544~1545

중종과 장경왕후의 맏아들로, 태어난 지 7일 만에 어머니를 여의고 중종의 계비 문정왕후의 손에 자랐다. 6세의 나이에 세자로 책봉되어 1544년 중종 승하 후 조선의 12대 왕이 되었다. 숨은 인재를 발굴하기 위해 기묘사화 때 폐지되었던 현량과를 부활시켰으며, 조광조의 신분을 복원해 주는 등 바른 정치를 펴기 위해 애썼다. 그러나 그 뜻을 마음껏 펼쳐 보지도 못한 채 31세의 나이로 세상을 떠나고 말았다. 인종은 조선 역대 왕 가운데서 치세가 가장 짧았다. 성품이 매우 너그러워, 표독한 성격의 계모 문정왕후에게도 효성을 다했으며, 금욕적인 생활을 하여 전형적인 선비의 모습을 지닌 성군으로 알려져 있다.

## 조선왕조실록 엿보기

### 정원에 진맥할 것을 전교하다
— 인종 1년 을사(1545, 가정 24) 4월 25일(정사)

정원에 전교하기를, "내 기후(氣候)는 여느 때와 같으나 천식 기운이 있으니, 의원 박세거(朴世擧)를 곧 차비문(差備門)으로 불러들여 진맥하게 하라." 하였다. 약방제조(藥房提調)가 빈청(賓廳)에 나아가 문안하니, 답하기를, "기후는 여느 때와 같으나 근래 천식이 오래 그치지 않고 또 대례(大禮)가 임박하였으므로 진맥시켜 약을 먹으려고 의원을 불렀다. 문안하지 말라." 하였다. 약방제조가 아뢰기를, "이제 의원의 말을 들으니, 비위(脾胃)의 한기(寒氣)가 흩어지지 않으므로 조금 노동을 하면 천식이 급해진다 합니다. 근일 중국 사신이 왕래하는 동안에 훨씬 더 조리하셔야 하겠으니 이제 경사전(景思殿)의 하는 수 없이 친히 지내야 할 제사 밖에는 친히 지내는 것을 잠시 멈추는 것이 어떠하겠습니까?" 하니, 답하기를, "조리하는 일은 아뢴 대로 하겠다." 하였다. [傳于政院曰: "予之氣候如常, 而但有喘氣, 醫員朴世擧, 卽招入差備門, 令診脈." 藥房提調詣賓廳問安, 答曰: "氣候如常, 而近來喘久不止, 且大禮臨迫, 故欲令診脈而服藥, 招醫員耳. 勿爲問安." 藥房提調啓曰: "今聞醫言, 脾胃寒氣不散, 故少有勞動, 則

喘急云. 近日天使往來間, 當倍加調治, 今景思殿不得已親行之祭外, 姑停親行何如?" 答曰: "調治事如啓."]

## 유지번이 나와서 상의 병세를 전하다
— 인종 1년 을사(1545, 가정 24) 6월 28일(기미)

유지번이 나와서 말하였다. "지금 들어가서 상의 맥후(脈候)를 진찰하였더니 어제보다 나은 듯합니다. 다만 저녁에는 또 어떠하실지 모르겠습니다. 상이 지번에게 하문하기를 '어떤 열이 내 몸에 들어와 왔다갔다 하면서 침공하는가? 이것이 더위에 상한 열인가, 한기에 상한 열인가?' 하시기에, 지번이 대답하기를 '이것은 다른 증세가 아니라 다만 더위에 상하여 열이 나는 것일 뿐입니다. 더위에 상한 증세가 매우 위급한데 상께서 약을 드시려 하지 않으니 나으실 기약이 없을까 매우 염려됩니다.' 하니, 상이 이르기를, '짐짓 약을 물리치는 것이 아니라 때로는 입맛이 매우 써서 먹지 못할 뿐이다.' 하셨습니다." [柳之蕃出曰: "今刻入診上脈, 則比昨似歇. 但不知向夕則又何如也." 上下問于之蕃曰: "有何熱入予身, 往來侵攻乎? 此熱之熱耶, 寒之熱耶?" 之蕃對曰: "此非他證, 只爲傷暑發熱耳. 傷暑之證甚危急, 而自上不肯進藥物, 深恐差復無期也." 上曰: "非故拒藥也, 有時口甚苦, 而不能下耳."]

## 내의원 진단

해수천식은 기침과 호흡 곤란을 나타내는 증상이다. 양방 의학에서는 주로 호흡기만의 문제로 보지만, 한방에서는 호흡기뿐만 아니라 몸 전체의 여러 군데 이상이 다 원인이 될 수 있는 것으로 보았다. 실제 감기가 2주 이상을 넘기면 그때부터는 감기로 보지 않고 해수천식의 시작으로 보게 되며, 주로 감기를 너무 심하게 앓아 기력이 떨어졌거나 기력이 너무 약해진 상황에서 감기를 앓아 시작되는 경우가 많다. 기침 감기약을 아무리 써도 듣지 않으며, 길게는 몇 개월에서 몇 년씩 가기도 한다. 이럴 경우 녹용 등이 들어간 보약을 복용하면서 원인에 맞게 한약으로 치료하면 의외로 쉽게 낫는 것을 볼 수 있다.

인종의 경우에도 조금만 노동하면 증상이 심해지는 것으로 보아 피로가 누적되어 생긴 해수천식으로 보아야 마땅할 것이다. 또한 이어지는 조문에서는 더위에 지쳐 증상이 악화되었음을 볼 수 있다. 식재료로는 은행이나 매실, 오미자, 목이버섯 등을 응용하면 좋을 것이다.

## 수라간의 음식 처방 - 매실을 이용한 음식

### 매실미역무침 / 매실해물냉채 / 매실소스샐러드

해수천식에 특히 좋은 매실은 예부터 민간요법에서 복통에 주로 사용되었다. 구연산·사과산·호박산 등 유기산, 미네랄과 비타민이 많이 함유된 알칼리성 식품으로, 몸 안에 축적된 유산을 탄산가스와 물로 분해시켜 밖으로 배출하므로 피로 회복에 좋으며, 급격히 산성화된 현대인의 체질을 개선하는 효과가 크다. 피부 미용에도 효과가 크다. 또한 음식의 독, 피의 독, 물의 독 등 이른바 '3독(三毒)'의 해독을 돕는 것으로도 잘 알려져 있다. 매실의 신맛은 소화불량과 위장 장애를 개선하는 데 도움이 되고, 변비에도 탁월한 효과를 보인다. 매실에 들어 있는 칼슘의 양은 포도의 2배로, 임산부와 폐경기 여성의 칼슘 흡수를 돕는다.

매실을 이용한 음식으로 매실해물냉채, 매실미역무침, 매실소스샐러드 등을 권한다.

### 매실해물냉채

| 재료 ● 4인분 | 만드는 법 |
|---|---|
| 소면················200g<br>무순················50g<br>오징어··············1마리<br>새우················100g<br>오이················1/2개<br>배·················50g<br>달걀················2개<br>*소스(육수 3큰술, 매실농축액 1큰술, 설탕 1/2큰술, 청주 1큰술, 간장 1큰술, 올리브유 1큰술, 소금 약간) | 1 새우는 내장을 빼고 삶은 뒤 껍질을 벗기고 2등분한다.<br>2 오징어는 껍질을 벗기고 사선으로 칼집을 넣은 뒤 데쳐서 썬다.<br>3 무순과 오이, 배를 깨끗이 씻은 뒤, 오이는 채 썰고, 배는 얇게 썬다.<br>4 달걀을 흰자와 노른자로 분리하여 황백지단으로 부쳐 가로 5cm, 세로 3cm 크기로 썬다.<br>5 소스 재료를 모두 넣고 잘 섞은 다음 소면을 삶은 뒤 찬물에 헹군다.<br>6 접시 한가운데 소면을 담고 소면 주위에 무순, 오징어, 새우, 오이, 배, 지단을 가지런히 돌려 놓는다.<br>7 소스를 곁들여 낸다. |

# 매실미역무침

| 재료 ● 4인분 |
|---|

오이 · · · · · · · · · · · · · · · · · 1개
생미역 · · · · · · · · · · · · · · · 100g
굵은 소금 · · · · · · · · · · · · 1작은술
*양념장(가쓰오부시 국물 200㎖, 맛술 100㎖, 매실엑기스 20㎖, 식초 3큰술, 소금 약간)

| 만드는 법 |
|---|

1 양념장 재료를 끓여서 식혀 사용한다.
2 오이는 굵은 소금으로 문지르며 물에 씻어 채 썬다.
3 생미역은 끓는 물에 살짝 데쳐 적당한 길이로 자른 다음 물기를 짠다.
4 오이와 미역을 양념장에 무쳐 낸다.

| 맛있는 Tip |
|---|

초무침의 가장 기본 음식이 오이미역무침이다. 초무침 요리는 특히 술을 마시면서 먹으면 좋은데, 산성의 술을 마시면서 알칼리성인 초무침을 곁들이면 영양의 조화가 이루어지므로 건강에도 좋다.

# 매실소스샐러드

## 재료 ● 4인분

- 매실 · · · · · · · · · · · · · · · · · 5개
- 양상추 · · · · · · · · · · · · · · 100g
- 방울토마토 · · · · · · · · · · · · · 5개
- 파프리카 · · · · · · · · · · · · · 1/2개
- *단촛물(물·식초·설탕 각 2큰술)
- *요구르트 드레싱(플레인 요구르트 1/2컵, 설탕 1/2큰술, 레몬즙 1/2작은술)
- 설탕 · · · · · · · · · · · · · · 1작은술
- 레몬즙 · · · · · · · · · · · · · 1작은술

## 만드는 법

1 매실은 씨를 제거하고 단촛물에 담가 둔다.
2 양상추는 먹기 좋게 손으로 뜯고, 방울토마토는 2등분한다.
3 파프리카는 0.5cm 두께로 채 썬다.
4 분량의 재료를 섞어 요구르트 드레싱을 만든다.
5 준비한 채소와 매실을 섞은 다음 접시에 담고 4의 드레싱을 끼얹어 낸다.

> 인체의 정화 능력을 키워 노폐물 배출을 도와주는 오이

# 제13대 명종

생몰 연도 1534~1567 / 재위 기간 1545~1567

중종의 둘째아들이며 인종의 이복 동생으로, 인종이 승하하자 조선의 13대 왕으로 등극, 12세의 어린 나이였기 때문에 8년 동안 문정왕후의 수렴청정을 받았다. 이 시기에는 문정왕후와 윤원형의 권세로 왕의 권위는 땅에 떨어지고 대신들은 사리사욕 채우기에 급급하여 사회는 어수선하고 민심은 병들었으며 흉년까지 겹쳐 도적떼가 난립했다. 을사사화, 양재역 벽서사건, 임꺽정의 난, 을묘왜변 등이 일어났다. 문정왕후가 죽고 조선은 평화를 되찾기 시작했지만 2년 후 명종도 세상을 떠났다. 재위 기간 동안 양반 관료층의 분열과 분쟁이 심화되는 가운데 문정왕후와 외척 윤원형의 그늘 밑에서 을사사화·을묘왜란 등을 겪었다. 을사사화는 명종 즉위 후 권력을 잡은 윤원형 일파가 인종 때의 권력가인 윤임 일파를 대대적으로 숙청한 사건으로, 5~6년 동안 100여 명에 달하는 사람들이 희생되었다.

## 조선왕조실록 엿보기

### 상에게 결핵된 곳이 있어 내의원 제조 윤개 등이 약을 쓸 것을 아뢰다

— 명종 12년 정사(1557, 가정 36) 1월 11일(을축)

내의원 제조 윤개(尹漑) 등이 아뢰기를, "삼가 듣건대 오른편 귀밑에 결핵(結核)된 곳이 있다고 하는데, 십향고(十香膏)를 붙이면 절로 없어질 것입니다. 내복약으로는 이진탕(二陳湯)을 쓰시는 것이 마땅하겠습니다. 결핵된 곳은 건드리지 말아야 됩니다." 하니, 전교하기를, "결핵으로 인한 해로움은 없으나 날짜가 오래되었으므로 의원에게 명하여 진찰하게 했던 것이다. 약을 붙이고 약을 먹는 일은 아뢴 대로 하겠다." 하였다. [內醫院提調尹漑等啓曰: "伏聞右耳下, 有結核處云. 付十香膏, 則自消矣, 內服之藥, 二陳湯進御爲當. 凡結核處, 勿侵之而已." 傳曰: "結核雖無害, 但日數久, 故命醫入(眹)〔診〕耳. 付藥服藥事, 如啓."]

# 내의원이 경옥고·생지황·전약을 지어 진어하기를 주청하다

―명종 22년 정묘(1567, 융경 1) 1월 5일(신유)

내의원이 경옥고(瓊玉膏)·생지황(生地黃)·전약(煎藥)을 진어하기를 주청하니, 윤허하였다. [內醫院, 請以瓊玉膏生地黃煎藥以進, 許之.]

## 내의원 진단

인체에 혹이나 덩어리들이 생기는 것은 인체가 노폐물을 제대로 몸밖으로 배출시키지 못하고 있다는 것을 의미한다. 우리 인체에는 자가 치유 능력 뿐만 아니라 자가 정화 능력도 있어 몸에 불필요한 존재가 있으면 스스로 알아서 잘 분해해 몸밖으로 내보내게 되어 있다. 그런데 그렇지 못하고 쓸모 없는 물질들을 몸속에 남겨 두면 순환 능력과 기타 기능성이 떨어졌다고 보면 된다.《조선왕조실록》에서도 몸의 쓸모없는 물질을 내보내는 '이진탕'이라는 처방을 사용하고 있다. 보통 자궁근종이나 물혹이 있었는데 한약을 먹고 없어졌다는 경우가 이에 해당된다. 꼭 급한 경우가 아니라면 몸에 무리가 따르는 수술요법은 잠시 미루고 한약을 응용해 보는 것도 좋겠다.

몸과 마음이 허약해져 잦은 질병을 앓는 왕에게 여러 가지 보약을 권하고, 특히 경옥고는 접하기 힘든 보약 중의 하나이다. 실제 들어가는 약재는 몇 가지밖에 없지만 그 제조법이나 복용법이 워낙 까다로워 쉽게 만들지 못하는 약 가운데 하나다.《동의보감》을 보면 경옥고는 음정(陰精)을 채워 주며, 골수(骨髓)를 보(補)하며, 진기(眞氣)를 조양(調養)하니 노인이 어린아이처럼 돌아온다고 되어 있다. 또한 인체의 모든 허(虛)한 것을 보해 주며, 모든 병을 치유하고, 모든 신지(神志)가 풍족해진다. 오장의 기운이 넘쳐흐르고, 흰머리가 다시 검게 되며, 빠진 이가 새로 나게 된다. 걸음걸이가 말 달리는 듯하니, 날마다 자주 복용하면 종일토록 배고프거나 갈증이 나지 않고, 그 효능을 다 말할 수 없다고 되어 있다. 27년 간 이 약을 복용하면 360세까지 살 수 있고, 60년간 이 약을 복용하면 500세까지 살 수 있다는 과장된 표현을 사용했지만, 그만큼 그 효능이 뛰어나다고 할 수 있다. 필자도 〈궁중공진단〉이라는 절대 보약을 만들어 내기 전까지는 이 〈경옥고〉를 여름과 겨울에 한 번씩 제작하여 환자들에게 공급했다.

## 수라간의 음식 처방 - 오이를 이용한 음식

### 오이돗단배샐러드 / 오이피클 / 오이선

오이는 일반적으로 영양소가 적지만 약리적 이용 가치는 높다. 개화기의 어린 오이는 비타민C가 많이 함유되어 피부 미용에 탁월한 효능이 있고, 성숙한 오이에는 비타민C와 설탕, 포도당, 과당, 약간의 만니톨이 함유되어 있으며, 머리 부분에는 사하 작용(瀉下作用)과 항종양 작용(抗腫瘍作用)을 하는 쓴맛의 '쿠쿠르비타신(cucurbiacins)'이라는 물질이 들어있다. 이 쿠쿠르비타신 계열의 성분은 간 기능 보호, 염증 억제, 심혈관질환 예방 등의 효과가 있는 것으로 알려져 있다. 또한 오이는 칼륨이 많이 들어 있는 알칼리성 식품으로서 예부터 이뇨제로 사용해 왔으며, 몸속의 노폐물이나 중금속을 배설시켜 주는 작용을 한다. 고혈압과 저혈압, 기관지염, 탈모, 류머티즘 등의 예방과 치료에 도움을 준다.

오이를 이용한 음식으로 오이돗단배샐러드, 오이피클, 오이선 등을 권한다.

## 오이돗단배샐러드

| 재료 ● 4인분 | 만드는 법 |
|---|---|
| 오이 · · · · · · · · · · · · · · · · · · 1개<br>통조림 참치 · · · · · · · · · · · · 1/2개<br>양파찹, 셀러리찹 · · · · · · · · 각 2큰술<br>파슬리 · · · · · · · · · · · · · · · · 20g<br>방울토마토 · · · · · · · · · · · · · · 5개<br>\*프렌치드레싱(올리브오일 2큰술, 식초 1큰술, 파슬리찹 1큰술, 설탕·소금·후추 각 1작은술) | 1 오이를 소금으로 문질러서 깨끗이 씻은 다음 4cm 길이로 자른다.<br>2 1의 오이를 가장자리를 0.5cm 남기고 숟가락으로 속을 판다.<br>3 통조림 참치는 물기를 제거하고 손으로 잘게 찢는다.<br>4 방울토마토는 반으로 자른다.<br>5 참치에 프렌치드레싱으로 뿌려 준비한다.<br>6 속을 판 오이에 5를 넣고 위에 방울토마토와 파슬리를 얹는다. |

# 오이피클

| 재료 ● 4인분 | |
|---|---|
| 오이 | 3개 |
| 굵은소금(오이 세척용) | 1큰술 |
| 셀러리 | 2대 |
| 물 | 2컵 |
| 식초 | 1컵 |
| 설탕 | 1/2컵 |
| 월계수잎 | 2장 |
| 통후추 | 5알 |
| 정향 | 1개 |
| 소금 | 1큰술 |

### 만드는 법

1. 오이는 굵은 소금으로 문질러서 깨끗이 씻는다.
2. 셀러리는 4cm 길이로 썬다.
3. 냄비에 물, 식초, 설탕, 월계수잎, 통후추, 정향, 소금을 넣고 팔팔 끓인다.
4. 병에 오이와 셀러리를 넣고 3을 붓는다.
5. 하루 지나면 다시 끓여 식혀서 붓는다.
6. 3일 뒤 다시 끓여서 식힌 다음 부어 주기를 3회 정도 반복한다.

### 맛있는 Tip

**오이를 이용한 속성 다이어트**

3일 동안 하루 세 끼 오이만 먹는 것으로, 칼로리가 낮아 분량에 제한이 없다. 조리하거나 고추장 등에 찍어 먹으면 효과를 볼 수 없으므로, 날것 그대로 또는 주스로 먹는다. 계란과 함께 먹으면서 다이어트 기간을 늘리는 방법도 있다. 계란에는 고기 600g 정도에 해당하는 단백질이 함유되어 있다. 아침저녁으로 오이 2개와 삶은 계란 1개를 먹고 점심은 평상시와 똑같은 식단을 유지한다.

# 오이선

| 재료 ● 4인분 |
|---|

오이 · · · · · · · · · · · · · · · · 1개
쇠고기 · · · · · · · · · · · · · · 20g
마른 표고버섯 · · · · · · · · · · 1장
달걀 · · · · · · · · · · · · · · · · 1개
소금 · 식용유 · · · · · · · · · · 적당량
*고기 양념(간장 1/2작은술, 설탕 1/4작은술, 다진 파 · 다진 마늘 1/4작은술, 깨소금 · 참기름 · 후춧가루 적당량)
*단촛물(식초 2작은술, 설탕 2작은술, 물 2작은술, 소금 1/3작은술)

| 만드는 법 |
|---|

1. 오이는 소금으로 문질러서 깨끗하게 씻는다.
2. 쇠고기는 채 썰고 표고버섯도 채 썬다.
3. 쇠고기와 표고를 함께 섞은 뒤 분량의 양념을 넣어 간을 하고 팬을 달구어 익힌다.
4. 오이를 4cm 길이로 어슷하게 자른 다음 세 번 칼집을 넣어서 홈을 판다.
5. 홈을 판 오이를 소금물에 담가 절인다.
6. 달걀을 흰자와 노른자로 분리하여 황백지단을 부쳐 채 썬다.
7. 5의 오이를 물에 헹궈 팬에 기름 두르고 익힌다.
8. 7에 달걀흰자, 고기, 표고, 노른자순으로 홈에 넣은 다음 단촛물을 끼얹는다.

## 비위를 튼튼하게 하여 위장의 활동을 왕성하게 하는 밤

# 제14대 선조

생몰 연도 1552~1608 / 재위 기간 1567~1608

중종의 일곱째아들인 덕흥대원군(德興大院君)의 셋째아들로, 명종이 후사 없이 죽자 조선의 14대 왕으로 등극했다. 재위 기간 동안 사림정치(士林政治)가 확립되고 이후 붕당정치(朋黨政治)가 시작되었으며, 임진왜란·정유재란이 발발했다. 7년간에 걸친 전쟁으로 국토가 황폐화되어 경작지가 크게 줄어들자 이를 회복하고 전쟁으로 소실된 토지 대장을 재정비하기 위해 양전(量田)을 실시하는 한편 전쟁중에 명군의 식량 조달을 위해 실시했던 납속(納粟)을 더욱 확대했다. 납속책의 실시는 부유한 상민·천민의 신분 상승을 가능하게 해 조선 후기 신분제 변동의 한 계기가 되었다. 이 시기에 이순신, 곽재우, 율곡 이이, 송강 정철 등의 영웅과 석학들이 활약했다. 주자학에 조예가 깊었고, 서화에도 뛰어났다. 전란 수습을 마무리하지 못하고 1608년에 생을 마감했다.

### 조선왕조실록 엿보기

## 자주 체한다고 약방제조에 비망기를 내리다

― 선조 7년 갑술(1574, 만력 2) 1월 7일(계미)

상이 약방제조에게 비망기(備忘記)를 내렸다. "음식을 먹을 때마다 침해를 받아 체하고 내려가지 않는다. 식사를 하고서 체해 있을 때마다 자못 답답하여 편치 못하지만 먹지 않으면 편안하여 아무렇지도 않다. 의관이 들어와 진찰하고는 '원기가 허약한데다 겸하여 담음(痰飮) 증세까지 있으므로 소화시키지 못하는 것이다.'고 하였다." [上下備忘記于藥房提調曰: "每爲飮食所侵, 留滯不下, 每進食留滯時, 殊爲悶鬱不安. 不食則平安如常. 醫官入診, 則以爲中氣虛弱, 兼滯痰飮, 不能克化云."]

## 음식·약 등에 관해 약방에 전교하다

― 선조 40년 정미(1607, 만력 35) 12월 18일(병자)

비망기로 약방(藥房)에 전교하였다.

"음식은 아무리 생각해도 싫기만 하다. 어제는 먹고 싶은 생각이 조금도 없었으니 큰일이다. 일 년간 쓴 약에 침해를 당했으니 혈육(血肉)의 몸이 어찌 손상된 바가 없겠는가. 이로 인하여 가중될까 염려스럽다. 귀비탕(歸脾湯)은 만약 부득이한 것이 아니라면 이미 2복(服)을 썼으니 중지하려고 한다. 의논하여 아뢰라. 지난밤에는 밤새도록 번열(煩熱)이 나고 이따금 기침이 나서 고통이 심하였다."[備忘記傳于藥房曰: "飮食, 百計厭惡. 昨日則毫無思食之念, 此非小事. 一年爲苦藥所侵, 血肉之身, 豈無所傷哉? 恐因此加重. 歸脾湯如非不得已, 已用二服, 欲停用, 議啓. 去夜達夜煩熱, 咳嗽間作, 苦痛."]

## 내의원 진단

음식을 먹으면 체증(滯症)이 생겨 소화되지 않고, 음식을 먹지 않으면 편해진다는 것은 위장이 자기가 할 일을 제대로 하지 않으려는 것을 의미한다. 위장의 입장에서 보면 음식이라는 것은 자신이 처리해야 할 업무인 것이다. 따라서 위장이 지치고 힘들어 기능이 떨어져 있을 때는 스스로 업무량을 줄이기 위해서 식욕을 떨어뜨리게 만든다. 사람이 기운이 떨어지고 힘이 없을 때 입맛이라도 좋아서 잘 먹기라도 하면 떨어진 기운이 돌아온다. 밥이 보약이라는 말이다. 하지만 현실에서는 기운이 없고 지칠 때는 입맛도 떨어져 아무것도 먹고 싶지 않게 된다. 위장 자체가 스스로 음식의 반입을 저지하는 셈이다.

이런 경우에는 비위를 튼튼하게 하여 위장의 활동을 왕성하게 해 주어야 한다. 위장의 기능성이 강화되어 스스로 일거리를 찾게 되고, 자기도 모르게 계속 음식을 먹게 되는 것이다. 선조의 경우 1년 동안이나 독한 약을 먹었다고 하니, 위장이 얼마나 힘들어했을지 짐작해 볼 수 있다. 위장을 활성화시켜 주는 가장 좋은 방법은 살살 달래서 자기 기능을 되찾게 해 주는 것이다. 소화제를 먹어 약이 대신 소화시키도록 할 것이 아니라 위장 자체의 기능성을 돋우어 주는 치료를 해 주어야 하는 것이다. 대부분의 곡류는 위장의 기운을 부드럽게 보강시켜 주기 때문에 적합하고 특히 밤은 식욕도 증진시켜 준다.

## 수라간의 음식 처방 - 밤을 이용한 음식

### 밤채삼색밀쌈 / 밤전 / 밤경단

《한국본초도감》을 보면, 밤에 대해 '건비, 보신강근 효능이 있어 건위 작용이 있고 설사를 멎게 하며, 신장 기능의 허약으로 인한 요통, 다리무력증, 소아의 다리무력감에 효력이 있다'고 되어 있다. 토혈·각혈, 코피, 대변 출혈 등에 지혈 작용을 한다. 또한 기관지염 개선에 도움을 주며, 태음인에게 잘 맞는 식품이다. 성질이 따뜻하므로 몸이 허하거나 설사할 때, 허리 통증과 관절염에 좋고 발육 부진한 어린이에게도 좋다. 속껍질은 떫으며 맛은 달고 독이 없다. 비위를 튼튼하게 하여 위장의 활동을 왕성하게 해 주는 밤을 이용한 음식으로 밤채삼색밀쌈, 밤전, 밤경단 등을 권한다.

## 밤채삼색밀쌈

| 재료 ● 4인분 | 만드는 법 |
| --- | --- |
| 녹차·치자·선인장가루 ···· 1작은술<br>밤 ···················· 3개<br>쇠고기 ················ 50g<br>밀가루 ················ 1컵<br>달걀 ·················· 1개<br>오이 ·················· 50g<br>당근 ·················· 30g<br>부추 ·················· 10g | 1 밀가루를 3등분한 다음 치자·녹차·선인장가루를 섞어서 반죽하여 밀전병을 부친다.<br>2 밤은 곱게 채 썰어 놓고, 쇠고기도 가늘게 채 썰어 불고기 양념을 한다.<br>3 달걀은 흰자와 노른자를 분리하여 지단을 부친 뒤 채 썬다.<br>4 채 썬 오이와 당근을 소금에 절인 다음 헹군 뒤 살짝 볶는다.<br>5 밀전병에 준비된 재료를 채우고 복주머니 모양으로 싼 뒤 살짝 데친 부추로 묶는다. |

## 밤전

### 재료 ● 4인분

- 밤 · · · · · · · · · · · · · · · · · 5개
- 찹쌀가루 · 밀가루 · 녹차가루 · · 각 20g
- 달걀 · · · · · · · · · · · · · · · · 1개
- 당근 · · · · · · · · · · · · · · · · 10g
- 대파 · · · · · · · · · · · · · · · · 5g
- 연겨자 · · · · · · · · · · · · · · 2큰술

### 만드는 법

1. 밤과 대파, 당근은 곱게 채 썬다.
2. 달걀은 황백으로 부쳐 채 썬다.
3. 찹쌀가루와 녹차가루, 밀가루에 물을 넣고 소금으로 간한 다음 체에 내린다.
4. 3을 팬에 기름을 두르고 넓게 부친다.
5. 4에 채 썬 밤, 대파, 당근, 황백지단을 넣고 연겨자를 바른 다음 돌돌 말아서 2cm 길이로 썰어 접시에 담는다.

### 맛있는 Tip

**밤 껍질을 쉽게 벗기는 법**

밤을 팔팔 끓는 물에 10분 정도 담근 뒤에 냉장고에 보관한 차가운 물이나 얼음물에 20분 정도 담가 식혀서 껍질을 벗겨 준다. 원형 그대로의 모양을 유지하면서 쉽게 껍질을 벗길 수 있다. 벗긴 밤은 물에 담가 냉장고에 보관하면 갈변을 방지할 수 있다.

# 밤경단

| 재료 ● 4인분 |
|---|

밤·····················5개
꿀······················1큰술
찹쌀가루················1컵
소금·················1작은술

| 만드는 법 |
|---|

1 밤은 껍질을 벗기고 곱게 채 썬다.
2 찹쌀가루에 소금을 약간 넣고 익반죽한다.
3 2의 반죽으로 완자를 만든다.
4 냄비에 물이 끓으면 완자를 넣고 익힌다. 물에 뜨면 찬물에 담근 다음 물기를 뺀다.
5 완자에 꿀을 묻힌 다음 채 썬 밤에 굴린다.

## 잇몸을 강화하고 신장과 뼈를 강화시켜 주는 돼지고기와 상추

# 제15대 광해군

생몰 연도 1575~1641 / 재위 기간 1608~1623

선조의 둘째아들로, 공빈 김씨의 소생이다. 1592년 임진왜란이 일어나 왕이 서울을 떠나게 되자 피난지 평양에서 서둘러 세자에 책봉되었고, 선조와 함께 의주로 가는 길에 영변에서 국사권섭(國事權攝 : 임시로 나랏일을 맡아봄)의 권한을 받았다. 전쟁 동안 강원도·함경도·전라도 등지에서 의병 모집 및 군량 조달 등의 활동을 전개해 난의 수습에 노력하고, 서울이 수복된 뒤 설치된 군무사(軍務司)의 업무를 주관했다. 즉위 후에는 자주적·실리적 외교로써 명·청 교체의 국제 정세에 대처했다. 임진왜란이 끝난 뒤 수취 제도의 모순이 심해지자 기존의 공납제의 폐단을 조정하고자 경기도에 대동을 실시했다. 조세 제도를 공평하게 하기 위해 호패법(號牌法)과 양전(量田)을 실시하여 재원 확보에 노력했다 선조말에 시작한 창덕궁 재건 공사를 끝내고, 경덕궁(慶德宮)·인덕궁(仁德宮)·자수궁(慈壽宮)을 중건하여 파괴된 수도를 복구했다. 또한《신증동국여지승람》·《용비어천가》·《동국신속삼강행실》등 전쟁으로 없어진 서적을 다시 간행하고, 무주 적상산성(赤裳山城)에 사고(史庫)를 설치했다. 재위 기간 중 특히 주목해야 할 업적은 당시 명·청 교체기의 국제적 변동 속에서 명분보다는 실리적이고 자주적인 외교를 추진했던 점이다. 영창대군 등의 형제를 살해하고, 인목대비를 폐하는 등 패륜의 임금으로 간주되기도 하지만 재위 15년간 전쟁으로 인한 피해를 복구하고 재정 기반의 재건과 민생의 안정을 위한 혁신적인 정책을 추진하고, 후금과도 탄력 있는 외교 관계를 추구하여 내치와 외교 면에서 많은 성과를 올렸다.

## 조선왕조실록 엿보기

### 허준과 침을 맞는 것에 대해 의논하다
— 광해군 4년 임자(1612, 만력 40) 10월 2일(임술)

【태백산본에만 수록되어 있고, 정족산본에는 없는 기사이다.】
침을 다 맞고 나서 병풍을 치우도록 명하였다. 허준(許浚)이 아뢰기를, "오래된 증세에는 한 번의 침으로는 효험을 보지 못합니다. 모레 다시 맞으소서." 하니 왕이 이르기를, "내일 맞는 것이 어떻겠는가?" 하니 허준이 아뢰기를, "연이어 침을 맞으시는 것은 미안한 일입니다." 하였다. 이항복(李恒福)이 아뢰기를, "치통 증세는 어떠하십니까?" 하니 왕이 이르기를, "잇몸의 좌우가 모두 부은 기운이 있고, 왼쪽이 더욱 심하다. 한군데만이 아니라 여기저기 곪는 것처럼 아프고 물을 마시면 산초(山椒) 맛이 난다." 하였다. 침을 다 놓고 나갔다.

## 내의원 진단

옛날에 노예 시장이나 말 시장 등에서는 매매 전에 항상 잇몸과 치아 상태를 확인해 보았다고 한다. 그 이유는 무엇일까? 바로 잇몸과 치아가 건강 상태를 알려주는 중요한 지표이기 때문이다. 특히 오장육부의 기능 중에서도 생식 기능과 아주 밀접한 관련이 있으며, 아이 때는 치아가 없다가 성장하면서 치아가 생겨나고, 나중에 나이가 들면 점점 약해져 하나둘 빠지게 되는 이유가 바로 그것이다. 또한 아이를 갓 낳은 산모들이 산후에 차가운 음식을 먹지 못하도록 하는 이유도 바로 여기에 있다. 출산 과정으로 인해 약해진 잇몸과 치아에 혹시라도 큰 해로움을 줄까 걱정되기 때문이다. 입 냄새를 없애 주고 미백 효과가 있다는 상추와 신장과 뼈를 강화시켜 주는 돼지갈비를 활용하면 좋겠다.

한 가지 재미난 사실은, 광해군에게 침 치료를 한 허준이 왕에게 '증세가 침 한 번만으로는 효험을 보지 못할 것이니 내일 모레 다시 청하겠습니다.' 라고 말한 뒤에, 왕이 다음날에 바로 침을 맞고자 하였으나, '연일 침을 맞으시라는 것은 불가합니다.' 하고 아뢰는 장면이다. 지엄하신 왕의 분부에도 불구하고 허준은 단호히 거부의 뜻을 나타낸다. 이는 침 치료가 아무 때나 행할 수 있는 것이 아님을 말하는 것으로, 침법(鍼法)에 따라 보법과 사법이 존재하지만, 궁극적으로 몸의 기운을 조금씩 손상시키기 때문에, 연이어 침 치료를 하지 않으려고 한 것이다. 아마도 이 당시의 광해군의 건강 상태가 연속해서 침을 맞기에는 조금 무리였던 것 같다. 이에 모든 허손(虛損)으로 위험한 병과 오래된 병은 다 침을 놓는 것이 좋지 않다고 《동의보감》에서는 말하고 있다.

## 수라간의 음식 처방 - 돼지고기와 상추를 이용한 음식

### 녹차돼지고기보쌈 / 오삼불고기 / 매운돼지갈비찜

돼지고기는 필수아미노산과 비타민$B_1$이 풍부하여 혈관을 튼튼하게 하고 성인병 예방 효과가 있다. 필수지방산 비타민F는 뇌질환을 예방하고 뇌 활동을 촉진한다. 육질이 연하여 소화 기능을 돕고 인과 칼륨 등의 미네랄이 풍부하여 성장기 영양식으로 매우 좋다. 특히 지방의 융점이 사람보다 낮아서 몸에 남아 있는 노폐물을 몸 밖으로 밀어 내는 역할을 하여 중금속을 해독하는 효능이 있다. 상추에 돼지고기를 싸서 함께 먹으면 콜레스테롤 에스테르(CE)가 체내에 축적되는 것을 막아 주므로 콜레스테롤의 체내 축적과 동맥경화증, 고혈압의 예방을 기대할 수 있다.

잇몸을 강화하고 신장과 뼈를 강화시켜 주는 효능이 있는 돼지갈비와 상추를 이용한 음식으로 녹차돼지고기보쌈, 오삼불고기, 매운돼지갈비찜 등을 권한다.

### 녹차돼지고기보쌈

**재료 ● 4인분**

- 돼지고기 · · · · · · · · · · · · · · · 200g
- 배추 · · · · · · · · · · · · · · · · · · 1/4통
- 녹찻잎(고기 양념 시 1/2 사용) · · 30g
- *고기 양념(된장 1작은술, 맛술 2큰술, 마늘 2쪽, 생강 1쪽, 통후추 2알, 대파 1뿌리, 셀러리 1대, 설탕 1작은술, 후추 1작은술)
- 소금 · · · · · · · · · · · · · · · · · · 1큰술
- 다진 파 · 다진 마늘 · · · · · · 각 1큰술
- 양파 · · · · · · · · · · · · · · · · · · 1/4개
- 부추 · · · · · · · · · · · · · · · · · · · 50g
- 풋고추 · · · · · · · · · · · · · · · · · 30g
- *무침 소스(참기름 · 소금 1작은술, 레몬즙 1큰술)

**만드는 법**

1. 돼지고기는 된장, 맛술, 마늘, 생강, 통후추, 대파, 셀러리, 설탕, 후추, 녹찻잎을 넣고 버무린 다음 3시간 정도 냉장고에 넣어 재운다.
2. 재운 돼지고기는 굵은 실로 묶는다.
3. 냄비에 돼지고기가 잠길 만큼의 물을 넣고 끓이다가 소금 1큰술을 넣은 다음 고기를 넣고 푹 삶아 기름기를 뺀다.
4. 팬에 식용유를 두른 뒤 3의 고기를 통째로 놓고, 저며 썬 파와 마늘을 함께 굽는다.
5. 파와 마늘 향이 나면 나머지 녹차를 넣어 굽고, 기호에 따라 맛술과 간장을 넣고 굽는다.
6. 5가 식으면 고기를 꺼내 얇게 썰어 접시에 담는다.
7. 양파는 채썰고, 부추는 4cm 길이로 자르고, 풋고추는 어슷 썰어 한데 섞은 뒤 8을 뿌려 접시에 담는다.
8. 분량의 재료를 섞어 무침소스를 만든다.
9. 배추는 소금에 절여서 씻어 곁들인다.

## 오삼불고기

| 재료 ● 4인분 |
|---|

오징어·················1마리
삼겹살················100g
콩나물················100g
대파················1/2뿌리
깻잎··················3장
마늘··················2쪽
풋고추·붉은 고추········각 1개
깨소금·참기름··········적당량
*양념장(고추장 1큰술, 고춧가루 2큰술, 다진 청양고추 1개분, 물엿 1큰술, 다진 마늘 1큰술, 설탕 3작은술, 생강 1/3작은술, 후춧가루 약간)

### 만드는 법

1 오징어는 내장을 빼고 껍질을 벗겨 잘게 칼집을 넣고 큼직큼직하게 썬다.
2 삼겹살은 한입 크기로 자른다.
3 양념장 재료를 고루 섞어 오징어와 삼겹살을 골고루 버무린 다음 양념이 배도록 잠시 둔다.
4 콩나물은 머리와 꼬리를 떼고, 대파는 5~6cm 길이로 굵게 채 썬다. 마늘은 납작납작하게 저민다.
5 깻잎은 적당한 크기로 자르고 풋고추와 붉은 고추는 어슷하게 썬다.
6 팬에 기름을 두르고 달구어 오징어와 삼겹살을 볶다가 중간에 콩나물과 대파, 풋고추, 붉은 고추, 마늘을 넣고 콩나물의 숨이 죽을 정도로 볶는다.
7 마지막에 깻잎과 깨소금, 참기름을 넣고 골고루 섞어 가며 살짝 볶는다.

# 매운돼지갈비찜

| 재료 ● 4인분 | 만드는 법 |

돼지갈비 · · · · · · · · · · · · · · · · 200g
더덕 · · · · · · · · · · · · · · · · · · · · 2뿌리
양파 · · · · · · · · · · · · · · · · · · · · · · 1개
대파 · · · · · · · · · · · · · · · · · · · · 1뿌리
물 · · · · · · · · · · · · · · · · · · · · · · · 1컵
\*양념(고추장 1큰술, 고춧가루 1큰술, 간장 1작은술, 설탕 1작은술, 매실청 1작은술, 참기름 1/2작은술, 다진 마늘 1작은술, 생강즙 1작은술, 청주 1작은술)

1 고기 비계를 떼어 내고 칼집을 넣은 다음 찬물에 담가 핏물을 빼고 끓는 물에 데친다.
2 더덕은 껍질을 벗겨 반으로 갈라 다시 2등분하고 양파는 큼직하게 썰고, 대파도 어슷하게 썬다.
3 데친 고기를 양념장에 재워 1시간 정도 둔다.
4 냄비에 고기를 넣고 양념장을 부은 다음 한참을 끓이다가 더덕과 양파를 넣고 끓인다.

### 기혈 순환을 도와 독소와 노폐물을 제거해 주는 양파

# 제16대 인조

생몰 연도 1595~1649 / 재위 기간 1623~1649

선조의 다섯째아들 정원군의 맏아들로 태어났다. 1623년 서인 김유·이귀·이괄·최명길 등의 서인 세력이 주도한 정변(인조반정)으로 왕위에 올랐다. 즉위 직후 반정의 명분은 광해군 정권의 부도덕성과 실정에서 찾아 광해군을 서인(庶人)으로 강등시켜 강화도로 귀양 보내고, 대북파 수십 명을 처형했다. 광해군의 친청 정책에 반하는 친명배금정책(親明排金政策) 실시는 정묘호란·병자호란의 원인이 되었다. 재위 기간 동안 5군영(五軍營)의 기초가 마련되고 양전(量田)·대동법 등이 시행되었으며, 각 학파·정파 간의 국가 질서 재건을 위한 이념적 모색이 다양하게 이루어졌다. 왜란과 호란으로 말미암아 파탄 직전에 놓였던 국가 재정·농민 경제·농업 생산력을 되살리기 위한 일련의 조치로써 조선 후기 5군영 체제의 기초를 마련했고, 광해군 때 경기도에 시험적으로 실시했던 대동법을 실시했다. 전세법(田稅法)을 폐지하고 영정법(永定法)과 군역의 세납화(稅納化)를 실시했다. 상평청(常平廳)을 설치하여 상평통보(常平通寶)를 주조하고 그 유통을 시험했다. 왕권 강화를 위해 노력했지만 서인 세력의 견제 신료를 장악하거나 독자적으로 정국을 운영하는 데는 많은 한계가 있었다.

## 조선왕조실록 엿보기

### 이형익 등으로 하여금 병을 살피게 하니 독을 제거하는 처방을 올리다

— 인조 24년 병술(1646, 순치 3) 1월 18일(병인)

상(上)이 의관 박태원(朴泰元)·이형익(李馨益)·유후성(柳後聖) 등을 급히 부르고, 또 어의 최득룡(崔得龍) 등에게 하교하기를, "이달 초부터 열이 가끔 위로 치밀어 가슴이 답답하더니 근래에 들어서 증세가 더욱 심해지고 있는데, 독을 먹은 데서 오는 증상인 것 같다." 하니, 약방이 아뢰기를, "내간(內間)에서 발생한 흉역(兇逆)의 변고는 지난 역사에서도 드문 일입니다. 여러 날 죄를 신문하였으나 자백을 받아내지 못하였으므로 신들은 통분한 마음을 가눌 수 없었는데, 방금 의관에게 내리신 분부를 듣고 보니, 마음이 떨리고 모골이 송연하여 뭐라고 말을 해야 할지를 모르겠습니다. 조속히 약을 의논하도록 하소서." 하자, 상이 이형익 등으로 하여금 들어와 병을 살피게 하였다. 이형익 등이 독을 제거하는 처방을 올리니, 상이 복용하였다. [上急召醫官朴泰元, 李馨益, 柳後聖等, 又下敎於御醫崔得龍等曰: "自月初, 熱氣有時上衝, 胸膈悶塞, 近來證勢尤劇, 似是遇毒之證也." 藥房啓曰: "內間兇逆之變, 前古之所罕聞. 鞫獄累日未能就服, 臣等不勝痛心. 卽聞下醫官之敎, 心戰骨聳, 不知所云. 請速議藥." 上令李馨益等入侍疾. 馨益等進制毒之方, 上乃服之.]

## 내의원 진단

문명이 발달하기 전의 자연 환경과 지금의 도시 환경은 너무나 차이가 난다. 일례로, 알레르기성 비염이나 아토피성 피부질환을 앓고 있는 아이들이 방학을 맞아 공기 좋고 물 좋은 시골에서 지내면 여러 가지 증상이 호전되었다가 다시 서울로 올라오면 증세가 바로 심해지는 것을 볼 수 있다. 물론 한약으로 완전히 치료가 된 다음에는 인체에 해로운 나쁜 환경에도 어느 정도 대항할 수 있는 능력을 갖추게 되지만, 그 정도 건강 상태에 이를 때까지는 계속해서 증상이 좋아졌다 나빠졌다 하는 것을 볼 수 있다.

이렇게 현대 사회는 이미 여러 가지 독소 물질로 가득 찬 환경이 되어 버렸다. 각종 환경 호르몬 등으로 인해 여러 가지 기형이 생겨나고 몸속에 축적되는 독소 물질들은 여러 가지 나쁜 질병 들을 만들어 내고 있다. 기혈 순환을 도와주고 독소 물질과 노폐물을 제거해 주는 양파 같은 음식을 많이 먹는 것이 좋다.

## 수라간의 음식 처방 - 양파를 이용한 음식

### 양파호두볶음 / 양파간장피클 / 양파찜

양파의 비타민A, $B_1$은 남성의 스태미나에 좋고, 지방과 콜레스테롤을 녹여 동맥경화와 고지혈증을 예방·치료하며 피를 맑고 깨끗하게 한다. 또한 살균력이 뛰어나 습진이나 무좀 등에도 효과적이며, 간장을 보하고 알코올을 분해하는 성질이 있다. 양파는 소화촉진, 변비, 생리불순, 유방종양, 대머리 등의 예방과 치료에도 탁월한 효능을 발휘하고 인슐린 분비를 촉진해 당뇨병에도 좋다. 양파는 기도의 가래를 제거해 주는 역할을 하여 기침이 날 때 먹으면 좋으며, 지속적으로 섭취하면 폐렴 증세도 호전된다.

기혈 순환을 도와주고 독소와 노폐물 제거에 좋은 양파를 이용한 음식으로 양파호두볶음, 양파간장피클, 양파찜 등을 권한다.

## 양파호두볶음

| 재료 ● 4인분 | 만드는 법 |
|---|---|
| 양파·················1개<br>호두···············1/3컵<br>땅콩················3큰술<br>간장··············1작은술<br>소금·후추··········약간씩<br>식용유··············2큰술 | 1 양파를 손질한 뒤 굵게 채 썰어 물에 담갔다가 건진다.<br>2 호두와 땅콩은 껍질을 벗기고 굵직하게 썬다.<br>3 달군 팬에 식용유를 두르고 양파를 넣어 볶다가, 호두와 땅콩을 넣고 간장으로 약하게 색을 낸다.<br>4 소금과 후추를 넣어 간을 맞춘다. |

## 양파간장피클

### 재료 ● 4인분

양파 · · · · · · · · · · · · · · · · · · 2개
비트 · · · · · · · · · · · · · · · · · · 20g
청양고추 · · · · · · · · · · · · · · · 4개
*절임물(물 3컵, 설탕·식초 1/3컵씩, 간장 1큰술, 통후추 1큰술, 소금 약간)

### 만드는 법

1 양파를 손질하여 사각으로 큼직하게 썬다. 비트는 얄팍하게 저며 썬 뒤 모양 틀로 찍어 내고 물에 담가 붉은색을 약간 뺀다. 청양고추는 송송 썬다.
2 냄비에 물을 붓고 설탕과 식초, 간장, 통후추를 넣어 한소끔 팔팔 끓이다가 소금으로 간한 뒤 식힌다.
3 준비한 양파와 비트, 고추를 밀폐 용기에 담은 뒤 2의 물을 붓는다. 반나절 이상 삭힌 뒤에 먹는다.

### 맛있는 Tip

**고혈압에 효과가 있는 양파 껍질 차**

양파 껍질에 풍부한 퀘르세틴 성분은 모세 혈관을 확장시켜 심장병 예방에 좋다. 양파의 바깥 부분에 있는 얇고 반투명의 붉은갈색 껍질을 차로 끓여 마시면 아주 좋은 차가 된다. 껍질을 벗겨 흐르는 물에 씻어서 센 불에 올려 팔팔 끓기 시작하면 약한 불에서 3분 정도 끓여 주면 완성된다.

# 양파찜

| 재료 ● 4인분 |
|---|

양파 · · · · · · · · · · · · · · 3개
새우살 · · · · · · · · · · · · 100g
실파 · · · · · · · · · · · · · · 1대
밀가루 · · · · · · · · · · · · 3큰술
참기름 · · · · · · · · · · · · 1/2큰술
청주 · · · · · · · · · · · · · · 1작은술
소금 · · · · · · · · · · · · · · 1작은술
*조림장(간장 1큰술, 물 1컵, 설탕 1작은술, 참기름 1큰술, 소금 1작은술)

| 만드는 법 |
|---|

1 양파는 껍질을 벗기고 꼭지를 반듯하게 자른 뒤 속을 파낸다.
2 새우살은 소금물에 흔들어 씻은 다음 곱게 다지고, 실파는 송송 썬다.
3 다진 새우살에 송송 썬 실파와 밀가루, 참기름, 청주, 소금을 넣어 조물조물 무친다.
4 양파 속에 양념한 새우살을 채워 넣는다.
5 조림장 재료를 냄비에 담고 양파를 넣은 뒤, 양파에 간이 배도록 중간 불로 서서히 익힌다.

## 해독 작용이 뛰어나 종기 치료에 좋은 고사리
# 제17대 효종
### 생몰 연도 1619~1659 / 재위 기간 1649~1659

인조의 둘째아들로 태어나 1645년 소현세자가 죽자 세자로 책봉되어 1649년 조선의 17대 왕이 되었다. 봉림대군 시절, 병자호란이 일어나자 인조의 명으로 왕족을 거느리고 강화도로 옮겨 장기 항전을 꾀했으나, 남한산성에 고립되었던 인조가 이듬해 청나라에 항복함에 따라 형 소현세자를 비롯한 강경 주전론자(主戰論者)들과 함께 청나라에 볼모로 잡혀가 8년을 머물렀다. 소현세자가 갑자기 죽자 귀국하여 국유장군론(國有長君論)을 내세운 인조의 강한 의지에 따라 세자로 책봉된 뒤 인조의 뒤를 이어 즉위했다. 북벌을 최우선 과제로 삼았던 효종은 즉위 후 정권을 장악하고 있던 친청파에 대한 대대적인 숙청을 단행하면 군비 강화를 추진했다. 여러 차례에 걸친 전란으로 피폐해진 사회 위기를 부세 제도의 개혁, 농업 생산력의 증대, 사회 윤리의 강화로 극복하려고 했다. 《농가집성(農家集成)》《내훈(內訓)》 등이 이 시기에 간행되었다. 이 시기에 네덜란드인 하멜이 표류해 온 사건이 있다. 효종의 북벌 계획과 경제 재건 노력은 조선 사회의 안정에 도움이 되었지만 뜻을 이루지 못하고 세상을 떠났다.

## 조선왕조실록 엿보기

### 왕대비가 옛 도총부로 이어하고 시약청이 약을 올리다
— 효종 1년 경인(1650, 순치 7) 윤 11월 25일(갑진)

왕대비가 또 옛 도총부로 이어하였다. 시약청이 벽사단(辟邪丹)과 웅황살귀원(雄黃殺鬼元)을 제조해 올렸다. [王大妃又移御舊都摠府. 侍藥廳劑進辟邪丹, 雄黃殺鬼元.]

### 머리 위에 작은 종기가 있으므로 약방이 들어와 진찰한 다음 약을 올리다
— 효종 10년 기해(1659, 순치 16) 4월 27일(정사)

상(上)이 머리 위에 작은 종기를 앓고 있었으므로 약방이 들어와 진찰한 다음 약을 의논하여 올렸다. 이때 왕세자도 병을 앓았는데 증세가 매우 중하였으므로 상이 이를 걱정하느라고 종기 앓는 것에 마음을 쓰지 않았었다. 그리고 전정(殿庭)에 나아가 서서 직접 비를 빌다가 상처가 더 악화되어 종기의 증세가 점차 위태롭게 된 것이다. 그래서 이날에야 비로소 약방에 하교한 것이다.[上患鬢髮上小腫, 藥房入診, 議藥以進. 時王世子亦有疾, 症勢甚重, 上憂之, 不以腫患爲慮. 且露立殿庭, 親自禱雨, 以致添傷, 腫候轉劇. 是日始下敎于藥房.]

## 내의원 진단

예전처럼 위생 상태가 불량했던 시절에는 각종 종기를 치료하기 위한 행위 자체가 2차 감염을 일으켜 병을 위중하게 만들게 되는 경우가 많았을 것이다. 물론 현대의 발달된 문명 지식으로 인해 감염성 질환은 많이 차단되고 있는 상황이지만, 아직도 인체의 저항 능력에 따라 종기와 같은 피부질환을 앓고 있는 경우도 제법 있다.

한방에서 종기를 치료하는 방법은 그 시기에 따라 다르다. 아주 초기인 경우에는 더 자라지 못하게 아예 없애 버리고, 어느 정도 커졌을 때는 빨리 자라서 터지도록 치료한다. 그리고 새 살이 빨리 돋아 다시 발생되지 않도록 하는 치료법을 택한다. 이 점이 바로 양방과 조금 다른 점이다. 특히 인체의 전체적인 상황을 개선시켜 치료하기 때문에 재발되는 경우가 드물다. 효과는 빠르지만 자꾸 재발되는 양약의 경우와 대조적이라 할 수 있겠다.

본인이 가지고 있는 재생 능력의 강도에 따라 회복되는 정도가 다르기 때문에 종기가 빨리 치료될 수 있도록 도와주는 한약을 쓰게 되는 경우가 많다. 해독 작용이 있는 고사리를 식재료로 사용하면 좋겠다.

## 수라간의 음식 처방 - 고사리를 이용한 음식

### 고사리붕어찜 / 고사리스파게티 / 고사리빙떡

고사리는 성질이 차서 열을 내리고, 미끄러우며 맛이 달고 장을 윤택하게 한다. 이뇨 작용을 돕고 수독(水毒)과 열을 없애며, 담을 가라앉히고, 감기로 인해 열이 나거나 이질, 황달, 고혈압, 장풍 열독 등에 효과가 있다. 또한 오장(五臟)을 보하고 음식이나 기운이 막혀 잘 내려가지 않는 것을 다스린다. 하지만 양기가 부족하거나 본래 몸이 찬 사람은 장기간 먹지 않도록 한다. 열을 내리고 정신을 맑게 하는 효과가 있어 수도(修道)하는 사람들이 먹으면 좋다.

해독 작용에 좋은 고사리를 이용한 음식으로 고사리붕어찜, 고사리스파게티, 고사리빙떡 등을 권한다.

## 고사리붕어찜

**재료 ● 4인분**

- 고사리 · · · · · · · · · · · · · · · 100g
- 붕어 · · · · · · · · · · · · · · · · · 300g
- 대파 · · · · · · · · · · · · · · · · · 1뿌리
- 청·홍고추 · · · · · · · · · · · · · 3개
- 팽이버섯 · · · · · · · · · · · · · · 1팩
- 인삼 · · · · · · · · · · · · · · · · · 2뿌리
- 양파 · · · · · · · · · · · · · · · · · 1개
- *고사리 양념(간장 1작은술, 다진 마늘 1작은술, 후추 1/2작은술, 참기름 1작은술)
- *양념장(고춧가루 1큰술, 고추장 1큰술, 다진 마늘 1큰술, 간장 1큰술, 다진 생강 1/3 큰술, 후추·참기름·깨소금 각 1작은술)

**만드는 법**

1. 고사리는 질긴 부분을 잘라 내고 5cm 길이로 자른 뒤 간장·마늘·후추·참기름으로 양념한다.
2. 대파는 어슷하게 썬다.
3. 고추는 어슷하게 썰어 씨를 뺀다.
4. 팽이버섯은 씻어서 밑동을 잘라 낸다.
5. 인삼은 깨끗이 씻어서 어슷하게 2등분한다.
6. 양파는 굵게 채 썬다.
7. 분량대로 양념장을 만든다.
8. 붕어는 비늘을 벗기고 내장을 제거하고 깨끗이 씻어서 칼집을 넣는다.
9. 냄비에 고사리를 깔고 붕어를 앉혀 위에 고사리와 고추, 대파, 팽이버섯을 올린 다음 양념장을 올리고 가장자리에 물로 양념장을 헹궈 붓고 끓인다.

# 고사리스파게티

| 재료 ● 4인분 | |
|---|---|
| 고사리 | 100g |
| 스파게티 | 200g |
| 올리브유 | 3큰술 |
| 우유 | 1/3컵 |
| 월계수잎 | 1장 |
| 들깨가루 | 3큰술 |
| 소금 | 1큰술 |
| 후추 | 1작은술 |
| 파슬리찹 | 1작은술 |
| 파마산치즈 | 1/2큰술 |

### 만드는 법

1. 고사리는 질긴 부분을 잘라 내고 깨끗이 다듬는다.
2. 스파게티는 끓는 물에 소금과 올리브유 1방울을 넣고 삶아서 건진다.
3. 냄비에 올리브유를 두르고 스파게티를 볶다가 고사리를 볶는다.
4. 3에 우유와 월계수잎을 넣고 끓이다가 월계수잎은 꺼내고 들깨가루와 소금 후추로 간한다.
5. 그릇에 담고 파마산치즈와 파슬리찹을 뿌린다.

# 고사리빙떡

| 재료 ● 4인분 | |
|---|---|
| 고사리 | 100g |
| 무 | 100g |
| 메밀가루·밀가루 | 각 1/2컵 |
| 당근즙 | 1컵 |
| 소금 | 1작은술 |
| 간장 | 1큰술 |
| 참기름 | 1작은술 |
| 마늘 | 1쪽 |
| 후추 | 1작은술 |
| 깨소금(볶은 참깨가루) | 1큰술 |
| 식용유 | 5큰술 |

### 만드는 법

1 메밀가루와 밀가루, 당근즙, 소금을 넣고 반죽한 다음 팬에 식용유를 두르고 전병을 부친다.
2 고사리는 질긴 부분은 잘라 내고 간장, 참기름, 마늘, 후추, 깨소금으로 간하여 볶는다.
3 무는 채 썰어서 식용유에 볶다가 소금과 깨소금으로 간한다.
4 밀전병에 고사리와 무를 넣고 돌돌 말아 준다.

### 맛있는 Tip

**빙떡**

빙빙 돌려서 부친다고 '빙떡'이라고 이름지었다고 한다. 주재료는 메밀과 무로, 메밀 안에 있는 소화가 잘 안 되는 무기질 성분(회분)을 무가 중화시켜 준다. 옛날 고려 삼별초 항쟁 때 몽고인들이 제주민들을 골탕 먹이려고 전해 준 메밀을 지혜롭게 소화 효소가 풍부한 무와 먹었다고 한다.

## 간을 다스려 눈을 맑게 하고 열을 식혀 주는 냉이

# 제18대 현종

생몰 연도 1641~1674 / 재위 기간 1659~1674

효종의 맏아들로 태어났다. 재위 기간 중 양란을 겪으면서 흔들렸던 조선 왕조의 지배 질서의 확립을 위해 노력했다. 선대 왕이 추진하던 명분론적 북벌은 중단했으나 군비 강화에 힘썼다. 재정 부족을 메우기 위해 대량으로 발행한 영직첩(影職帖)과 공명첩(空名帖)은 이후 정부의 재정 보충책으로 보편화되어 신분제의 해체에 기여했다. 1660년 강화도에 정족산성 사고(史庫)를 마련해 역대 실록을 보관하게 했으며, 교서관(校書館)에서 동활자의 주조를 완성케 했다. 현종 시대는 외침이 없었던 비교적 평화로운 시대였지만 서인과 남인의 치열한 정쟁 속에서 지내야 했다.

## 조선왕조실록 엿보기

### 상이 눈병이 나 약방이 들어가 진찰하다

— 현종개수 2년 신축(1661, 순치 18) 윤 7월 17일(갑오)

상이 눈병이 나 약방이 들어가 진찰하였다. 상이 도제조(都提調) 원두표에게 묻기를, "세속의 처방에 습창(濕瘡)은 온천에 가서 씻으면 효험이 있다고 하는데, 그런가?" 하니, 대답하기를, "의서(醫書)에 처방은 없지만 목욕을 하고 효험을 본 자를 신도 보았습니다." 하였는데, 상이 이르기를, "초정(椒井)에 씻는 것은 어떻겠는가? 선왕도 일찍이 효험을 보았다." 하였다. 초정은 인경궁의 옛터에 있는데 산수의 경치가 뛰어났다. 세 부마의 저택이 그 가운데 늘어서 있는데 극도로 사치스러웠다. 일찍이 효종대왕이 초정에 목욕하러 갔다가 그 저택에 거동했었는데, 가고 싶어 청탁해서 물은 것이다. 홍명하(洪命夏)가 상의 뜻이 초정에서 목욕하는 데 있지 않음을 알고 간쟁했지만 되지 않았다. 상이 드디어 일관(日官)에게 명하여 날짜를 잡아 가기로 결정하였다. [上有眼患, 藥房入診, 上問都提調元斗杓曰: "俗方濕瘡, 洗於溫泉, 則有效云, 然否?" 對曰: "醫書雖無此方, 而浴而收效者, 臣亦見之矣." 上曰: "洗於椒井如何? 先王亦曾收效矣." 蓋椒井在仁慶宮舊基, 有泉石之勝. 三駙馬第宅, 列在其中, 窮極奢侈. 孝宗大王, 嘗因浴椒, 幸其第, 故上欲往觀, 托以問之. 洪命夏知上意, 不在浴椒, 爭之不能得. 上遂命日官, 擇日定行焉.]

# 상이 양지당으로 나아가 침을 맞으니 대신들은 온천욕을 권하다
― 현종개수 3년 임인(1662, 강희 1) 8월 13일(계축)

상이 양지당으로 나아가 침을 맞았다. 내의원 도제조 원두표에게 이르기를, "습창은 온천에서 목욕을 하면 효험을 본다고 하는데, 서울 가까운 곳에 온천이 있는가?" 하니, 두표가 아뢰기를, "우리 조정 열성들이 혹 온천에서 목욕하신 때가 있었는데, 이천과 온양에 모두 행궁(行宮)의 유지(遺止)가 있습니다. 하였다. 상이 이르기를, "나의 습창이 점점 중해지고 있으니, 부득이 온천에 가서 목욕을 해야 할 것 같다. 경들의 의견은 어떠한가?" 하니, 두표가 아뢰기를, "옛적과 지금이 다르니, 동가(動駕)하여 멀리 가시는 것은 무척 어려울 것 같습니다. 그러나 상의 병환이 이러시다면, 어찌 또한 그만둘 수 있겠습니까. 이완(李浣)이 바로 지난해 온양에 가서 목욕을 했다 하니, 그 효험을 물어보는 것이 좋겠습니다." 하였다. 상이 명초(命招)하여 이완을 들어오게 하여 하문하니, 이완이 대답하기를, "신의 두드러기에는 효험을 보지 못하였으나, 습진 등의 증세에는 상당히 효험이 있었습니다." 하였다. [上御養志堂, 受鍼. 謂內醫都提調元斗杓曰: "混瘡, 浴溫井, 則見效云, 近京處有溫井耶?" 斗杓曰: "我朝 列聖, 或有浴溫之時, 伊川, 溫陽, 俱有行宮遺址矣." 上曰: "予之濕瘡漸重, 浴溫之擧, 似不可已. 卿等之意如何?" 斗杓曰: "時異古今, 動駕遠行, 似涉重難. 而上候如是, 則亦何可已也? 李浣纔於上年, 往浴溫陽, 其得效與否, 試問可矣." 上命招浣入, 問之, 浣對曰: "臣之癮疹, 雖未見效, 如濕瘡等症, 頗有其效." 云矣.]

## 내의원 진단

왕이 온천이나 명승지를 가고 싶어 병 핑계를 대는 모습이 참으로 우습기도 하고 한편으로는 우울하기도 하지만, 일단 눈병이 났다는 것은 거짓이 아닌 것 같다. 눈병이 나는 원인은 매우 다양하다. 한방 치료가 양방보다 더 우월한 경우에는 눈 자체의 병이 아니라 내부 장기나 음양실조로 생기는 병의 경우이다.

한의학적으로 볼 때, 주로 피로가 누적되어 간 기능이 약해졌을 때나 비뇨생식 계통이 약해져 저력이 떨어질 때 또는 노화가 치밀어 상부로 몰려 올 경우 등이 흔한 임상적 증상이다. 안과에 가서 특별한 이상을 발견하지는 못했지만 계속 눈이 침침하거나 눈앞에 검은 점들이 아른거리고 별다른 이유 없이 자꾸 눈물이 나는 경우에는 한의학적인 치료를 받아 보는 것이 좋다. 현종이 습창을 앓고 있었다는 기록으로 볼 때, 몸에 습열이 많이 몰려 있었을 가능성이 높다. 간을 다스려 눈을 맑게 하고 열을 식혀 주는 효능을 갖추고 있는 냉이를 식재료로 사용하면 좋겠다.

## 수라간의 음식 처방 – 냉이를 이용한 음식

### 냉이무침 / 냉이해물파전 / 냉이돼지고기강정

냉이는 위와 간을 튼튼하게 하고 눈을 밝게 하며, 기력 증진과 소화를 돕고 소변을 잘 나오게 하며 지혈에 좋은 효력을 지녔다. 단백질·비타민·회분·섬유질·탄수화물·칼슘·인 등의 영양 성분이 골고루 들어 있으며, 특히 단백질과 비타민A, 칼슘이 많이 들어 있다. 또한 냉이는 해독 작용을 하고, 간 기능을 정상으로 회복시키며 지방간 치료에 효과가 좋다. 수시로 먹으면 위와 간, 장의 기능이 모두 좋아진다. 한의학에서는 냉이를 이질이나 설사, 출혈을 멎게 하는 약으로 사용하며, 자궁 출혈이나 토혈, 폐결핵으로 인한 각혈, 치질로 인한 출혈 등에 효과가 있고, 약성이 남도록 태워서 복용하면 효험이 있다.

눈을 맑게 하고 열을 식혀 주는 효능을 가진 냉이를 이용한 음식으로 냉이무침, 냉이해물파전, 냉이돼지고기강정 등을 권한다.

## 냉이무침

**재료 ● 4인분**

- 냉이 · · · · · · · · · · · · · · · · · 300g
- 된장 · · · · · · · · · · · · · · · · · 1큰술
- 고추장 · · · · · · · · · · · · · · · · 1큰술
- 진간장 · · · · · · · · · · · · · · · · 1작은술
- 식초 · · · · · · · · · · · · · · · · · 1큰술
- 다진 파·마늘 · · · · · · · · · · · 1/4큰술
- 설탕 · · · · · · · · · · · · · · · · · 1작은술
- 깨소금 · · · · · · · · · · · · · · · · 1/2큰술
- 참기름 · · · · · · · · · · · · · · · · 1큰술
- 소금 · · · · · · · · · · · · · · · · · 적당량

**만드는 법**

1 냉이는 깨끗이 다듬어 끓는 물에 소금을 넣고 살짝 데친 다음 찬물에 헹궈 물기를 뺀다.
2 된장에 다진 파·마늘, 깨소금, 참기름을 넣어 무친다.
3 고추장에 진간장, 식초, 다진 파·마늘, 설탕, 깨소금, 참기름을 섞는다.
4 데친 냉이를 반으로 나누어 반은 된장 양념에, 나머지 반은 초고추장 양념에 무친다.

# 냉이해물파전

| 재료 ● 4인분 |
|---|

냉이 · · · · · · · · · · · · · · · 50g
새우 · · · · · · · · · · · · · · · 30g
실파 · · · · · · · · · · · · · · · 100g
홍고추 · · · · · · · · · · · · · · 1/2개
달걀 · · · · · · · · · · · · · · · 1개
밀가루 · · · · · · · · · · · · · · 1컵
참기름 · · · · · · · · · · · · · · 1큰술
소금 · · · · · · · · · · · · · · · 1작은술
후추 · · · · · · · · · · · · · · · 1작은술
＊부침 반죽(밀가루 1컵, 찹쌀가루 3큰술, 소금 1작은술, 물 1/2컵)

| 만드는 법 |
|---|

1 새우는 소금, 후추로 밑간해서 밀가루를 골고루 묻힌다.
2 실파는 씻어서 가지런히 놓은 뒤 소금과 참기름으로 가볍게 양념해 준비한다.
3 홍고추는 어슷하게 썬다.
4 양념한 실파에 밀가루를 솔솔 뿌린다.
5 분량의 재료로 부침 반죽을 준비한다.
6 달군 팬에 식용유를 두른 뒤, 반죽을 한 국자 떠서 얇게 편 후, 냉이와 실파를 가지런히 얹는다.
7 5 위에 새우와 홍고추를 얹고, 따로 풀어 놓은 달걀 노른자를 고루 끼얹어 부친다.

# 냉이돼지고기강정

### 재료 ● 4인분

냉이 · · · · · · · · · · · · · · · · 50g
돼지고기 간 것 · · · · · · · · · 200g
맛술 · 생강즙 · · · · · · · · · 각 1큰술
다진 마늘 · · · · · · · · · · · · 1작은술
소금 · · · · · · · · · · · · · · · · 1작은술
후추 · · · · · · · · · · · · · · · · 1작은술
양파찹 · · · · · · · · · · · · · · · 1큰술
식용유 · · · · · · · · · · · · · · · 적당량
*강정 소스(고추장 · 케첩 각 1/5큰술, 물엿 2큰술, 간장 1큰술, 청주 1큰술, 레몬즙 1/2큰술, 물 3큰술)

### 만드는 법

1 냉이를 깨끗이 손질하여 끓는 물에 데쳐서 잘게 썰어 돼지고기 간 것과 섞은 다음 소금과 후추로 간한다.
2 1을 한 숟가락씩 떠서 완자를 만든 다음 밀가루에 굴린다.
3 170℃ 기름에 2를 튀긴다.
4 팬에 기름을 두르고 양파를 볶다가 고소스 재료를 모두 넣고 끓인다.
4 소스가 끓으면서 반으로 줄면 튀긴 완자를 넣고 굴려 준다.

### 맛있는 Tip

**냉이 데치기**
냉이를 지나치게 오래 데치면 냉이의 색이 변하고 맛과 향이 떨어진다. 끓는 물에 잠깐 넣었다가 건져 찬물에 헹군다.

## 기혈 순환을 도와 비만증의 치료에 좋은 녹차

# 제19대 숙종
생몰 연도 1661~1720 / 재위 기간 1674~1720

현종의 외아들로 태어나 14세의에 조선의 19대 왕이 되었다. 재위 기간 동안 조선 중기 이래 계속되어 온 붕당정치가 절정에 달했다. 대동법의 확대 실시, 양전의 시행, 호패법의 실시, 군제의 정비 등을 통해 양란 이후 무너져 가는 봉건 체제를 재정립해 나가려는 정책을 시도했다.

호패법(戶牌法) 실시를 강행하여 유민(流民)과 도피자를 방지함과 동시에 전국의 양정 수를 명확히 파악함으로써 봉건 질서의 안정·강화를 도모했으며, 상품 화폐 경제의 발달에 맞추어 상업 활동을 지원하기 위해 상평통보(常平通寶)를 주조·통용하게 했다.

### 조선왕조실록 엿보기

## 임금의 환후가 악화되어 유천군 이정 등이 절초를 복용하는 일에 대해 의논하다
— 숙종 40년 갑오(1714, 강희 53) 4월 27일(무술)

임금의 환후가 7개월 동안 침엄(沈淹)하고 증세가 백 가지로 변하여 활제(滑劑)를 쓰면 신기(神氣)가 허약해지고, 또 완제(緩劑)를 써서 보(補)하면 부기(浮氣)가 날로 더해지므로, 여러 어의들은 능력이 바닥나 어쩔 줄을 몰라 했다. 유천군(儒川君) 이정(李湞)은 처음부터 '의당 부기를 시급히 다스려야 하니 이제는 소도(疏導)하는 약을 쓰지 않을 수 없다.' 하며 자기 의견을 극력 주장하였는데, 인하여 약방에서 입진하여 죽절초(竹節草)를 복용(服用)하여 소리(疏利)하도록 하기를 청하자, 여러 어의들이 모두 말하기를, "죽절초는 옛 처방(處方)에 실려 있지 않고 성미(性味)가 심히 준급(峻急)한데, 어떻게 군부(君父)의 병환에 함부로 쓸 수 있겠는가." 하였다. 정(湞)이 힘써 다투었으나, 채납(採納)되지 않았다. [上候七朔沈淹, 證情百變, 用滑劑則神氣虛弱, 又以緩劑補之, 則浮氣日加, 諸醫技窮, 罔知所爲. 儒川君湞自初以爲: "宜急治浮氣, 今不可不用疏導之藥." 力主己見, 因藥房入診, 請進服竹節草, 以之疏利, 諸御醫等皆曰: "竹節草, 不載古方, 性味甚峻, 何可輕用於君父之病乎?" 湞力爭而不能得.]

## 임금이 도수환을 복용하고 설사를 하다

— 숙종 40년 갑오(1714, 강희 53) 5월 4일(갑진)

임금이 도수환(導水丸)을 복용하고 설사를 하니, 포만증(飽滿症)이 약간 줄어들었다. [上進導水丸, 下泄, 飽滿之候差減.

## 의관 방진기가 임금의 온천 목욕을 건의하다

— 숙종 43년 정유(1717, 강희 56) 1월 26일(신사)

약방에서 입진하였다. 진후(診候)를 마치자, 의관 방진기(方震夔)가 말하기를, "성상의 환후(患候)에 다리가 저리고 눈이 어지러운 등의 증세는 시험 삼아 온천에서 목욕하는 것이 마땅하겠습니다." 하니, 임금이 입시(入侍)한 여러 신하와 어의에게 두루 물었는데, 가부가 반반이어서 의논이 하나로 돌아가지 않으므로, 임금이 입시하지 않은 어의들에게 다시 묻고, 또 대신(大臣)들에게 묻도록 명하였다. [辛巳/藥房入診. 診候畢, 醫官方震夔以爲: "上候脚痺眼眩等症, 宜試浴溫泉." 上歷問入侍諸臣及御醫, 可否相半, 議未歸一, 上命更問於未入侍諸醫, 又詢于諸大臣.]

### 내의원 진단

비만 치료를 받으러 온 환자가 하는 말 중에 재미있는 표현이 있었다. 살을 빼자니 기운이 빠지고, 그래서 몸을 보하자니 다시 부어서 살이 찌더란다. 어떻게 기운이 빠지지 않게 붓기와 살을 빼는 방법은 없느냐고 물었다. 《조선왕조실록》을 보니 아마도 숙종이 이와 비슷한 상황이었던 것 같다. 결국에는 대소변의 배출로 정체되었던 기혈을 순환시켜 팽만감을 없애는 방법을 선택한 것 같다. 필자도 예전에는 다이어트를 하러 왔어도 몸에 다른 증상이 있으면 살을 빼는 처방을 해 주지 않았다. 먼저 몸부터 치료하고 난 다음에 살을 빼라고 설득했지만 최근에는 조금 바뀌었다. 정말 위험하거나 심한 상태가 아닌 경우라면 바로 다이어트 요법을 처방해 준다. 지나친 비만으로 인해 꽉 막혔던 몸 상태가 체중 감량으로 숨통이 트이게 되면, 여러 가지 자잘한 증상들은 알아서 저절로 해결되는 경우가 많기 때문이다. 고혈압이나 지방간, 관절통 등의 증상은 체중 감량만 해도 저절로 해결되는 증상이라 할 수 있겠다. 숙종은 체중 감량에 실패했기 때문일까, 그 이후에도 다리가 저리고 어지러운 증상을 호소하고 있음을 볼 수 있다. 순환이 잘 되지 않기 때문이므로 틈나는 대로 체조를 비롯한 팔다리 운동을 하고 식재료로는 녹차를 이용하는 것이 좋겠다.

## 수라간의 음식 처방 - 녹차를 이용한 음식

### 녹차튀김 / 녹차해물전 / 녹차드레싱샐러드

녹차의 독특한 성분은 카페인과 타닌계 물질인 카테킨(catechin)이다. 카페인은 이뇨 작용을 통해 체내의 노폐물을 깨끗하게 몸 밖으로 배설시켜 주고, 떫은 맛을 내는 카테킨 성분은 살균 효과가 있으며, 지친 피부를 진정, 수렴하는 효과가 있다. 비타민 A, 비타민 $B_1$, 비타민 $B_2$, 니아신, 토코페롤 등이 함유되어 있어 생리 작용에 좋은 영향을 미친다. 차의 무기성분 중 50%가 칼륨, 15%가 인산이고, 나머지는 칼슘·마그네슘·철·망간·나트륨 등이다. 아미노산의 일종인 테아닌·글루타민산·아스파라긴산·리신·트레오닌 등도 함유되어 있어 풍미에 큰 역할을 한다. 최근의 연구 결과에 따르면 항암 및 소염 작용을 하는 사포닌이 함유되어 있다. 녹차의 다양한 성분은 콜레스테롤을 저하시키는 작용을 함으로써 심장병과 고혈압의 예방과 개선에 좋은 효과가 있다. 녹차를 만드는 과정에서 산화 효소가 파괴되기 때문에 뜨거운 물에서도 비타민 C가 파괴되지 않는다.

녹차를 이용한 음식으로 녹차튀김, 녹차해물전, 녹차드레싱샐러드 등을 권한다.

## 녹차해물전

**재료 ● 4인분**

- 부침가루 · · · · · · · · · · · · · · · 1컵
- 녹차가루 · · · · · · · · · · · · · · · 1작은술
- 물 · · · · · · · · · · · · · · · · · · · 1⅓컵
- 보리새우 · · · · · · · · · · · · · · 10마리
- 오징어 · · · · · · · · · · · · · · · · 1/2마리
- 청·홍고추 · · · · · · · · · · · · · 각 1개
- 통조림 옥수수 · · · · · · · · · · · 4큰술
- 식용유 · · · · · · · · · · · · · · · · 1컵

**만드는 법**

1. 부침가루와 녹차가루를 체에 내려 분량의 물을 붓고 반죽한다.
2. 새우와 오징어는 소금물에 깨끗이 씻어서 다진다.
3. 청·홍고추는 잘게 썬다.
4. 프라이팬에 기름을 넉넉히 두르고 열이 오르면 1의 반죽을 숟가락으로 떠서 0.5cm 두께로 동그랗게 편다.
5. 그 위에 준비한 새우, 오징어, 고추, 옥수수를 얹어 윗부분이 반 정도 익으면 뒤집어 익힌다.

# 녹차드레싱샐러드

### 재료 ● 4인분

바게트빵 · · · · · · · · · · · · 1/2개
새싹채소 · · · · · · · · · · · · 1팩
청·홍피망 · · · · · · · · · 각 1/2개
＊녹차요구르트드레싱(플레인 요구르트 2개, 녹차가루 12g, 꿀 2큰술, 레몬 1/2쪽)

### 만드는 법

1 바게트빵을 5cm 길이로 자르고 빵 속을 손으로 꾹꾹 눌러 통으로 만들어 놓는다.
2 새싹채소는 깨끗이 씻어서 찬물에 담그고 피망은 가늘게 채 썬다.
3 플레인 요구르트에 녹차가루와 꿀을 넣고 마지막에 레몬즙을 넣어 녹차요구르트드레싱을 만든다.
4 1의 빵에 2의 재료를 잘 담고 3의 드레싱을 뿌린다.

### 맛있는 Tip

**성인병 예방과 다이어트에 효과 높은 건강 녹차 요리**

녹차는 레몬보다 5배나 많은 비타민 C를 함유하고 있는데, 이는 타닌 성분과 어우러져 혈관 속에 축적된 콜레스테롤을 분해시키는 작용이 뛰어나다. 동맥경화나 고혈압 등 성인병을 예방하고 발암 물질의 독성을 완화시키는 녹차는 뛰어난 건강 미용식으로 꼽힌다.

# 녹차튀김

## 재료 ● 4인분

- 새우(중간 크기) ·········· 4마리
- 고추 ················· 4개
- 단호박 ··············· 1/3개
- 깻잎 ················· 4장
- 표고버섯(기둥 떼어낸 것) ······ 4개
- 기름 ················· 1컵
- * 튀김 반죽(얼음물 1.2컵, 달걀노른자 1개, 녹차가루 10g, 튀김가루 1컵)

## 만드는 법

1. 얼음물에 달걀노른자를 넣고 고루 저은 뒤 녹차가루를 넣고 다시 잘 섞는다.
2. 튀김가루를 체에 쳐서 1에 넣고 골고루 섞어 튀김 반죽을 만들어 놓는다.
3. 고추, 단호박, 깻잎, 표고버섯은 먹기 좋은 크기로 자른다. 이때 표고버섯은 말리지 않은 생것을 쓰거나, 말린 것을 미지근한 물에 불려 사용한다.
4. 새우와 튀김용 채소에 튀김옷을 입혀 180℃ 온도에서 노릇하게 튀겨 낸다.

## 체열이 높고 대변이 불통되기 쉬운 소양인 체질에 좋은 알로에

# 제20대 경종

생몰 연도 1688~1724 / 재위 기간 1720~1724

숙종의 맏아들로, 태어난 지 두 달 만에 원자로 봉해졌다가 세 살 때 왕세자로 책봉되었다. 인현왕후가 폐위되자 어머니 장희빈이 왕비가 되었으나 갑술환국으로 인현왕후가 복위되면서 장희빈은 빈으로 강등되었고 결국 1701년에 사약을 받았다. 나이 14세에 어머니의 죽음을 목격한 이후 줄곧 병환에 시달린 데다가 아이를 얻지 못하자 숙종의 명에 의해 연잉군(후에 영조)이 경종의 후사로 정해졌다. 1720년에 숙종이 승하하자 33세로 왕위에 올랐다. 숙종의 병환 기간 4년 동안 대리청정한 경험이 있어 정사를 처리하는 데는 서툴지 않았으나 본래 몸이 약했던 데다가 부왕의 장례식을 치르는 동안 건강이 더욱 나빠졌다. 재위 기간 4년 내내 병석에서 지냈고, 노론과 소론의 정권 다툼으로 신임사화가 일어나 수백 명이 희생되었으며, 뚜렷한 업적은 남기지 못했다. 이 시기에 독도가 조선의 영토임을 밝혀 놓은 남구만의 《약천집》이 발간되었다.

## 조선왕조실록 엿보기

### 좌승지 임순원이 약원에서 의약한 잘못을 논핵하고 수의 이시성을 태거할 것을 청하다

— 경종 2년 임인(1722, 강희 61) 12월 24일(을해)

좌승지 임순원(任舜元)이 상소하여 약원(藥院)에서 의약(議藥)한 잘못을 논핵하고, 또 논하기를, "수의(首醫) 이시성(李時聖)은 의술이 용렬하고 사람됨이 광패(狂悖)하니, 청컨대 태거(汰去)하소서." 하였다. 당시에 이시성을 수의(首醫)로 택정(擇定)하고, 대답하기를, "당귀용회환(當歸龍薈丸)은 여러 의원이 난만히 상확(商確)하여 의정(議定)하였으니, 올리도록 하라." 하였다. [左承旨任舜元 上疏, 論藥院議藥之失, 又論首醫李時聖, 術本庸下, 爲人狂悖, 請汰去時聖, 擇置首醫, 答曰:"當歸龍 薈丸, 諸醫爛慢 商確議定, 當進焉."]

## 약방에서 입진하다
— 경종 3년 계묘(1723, 옹정 1) 6월 19일(병인)

약방에서 입진하였다. 임금이 도인승기탕(桃仁承氣湯)을 복용했는데, 유의(儒醫) 이공윤(李公胤)의 말을 따른 것이다. 이공윤은 의술이 비록 조금 정밀하기는 했지만, 사람됨이 망령되고 패려하여 가까이할 사람은 못되었다. 또 감수산(甘遂散)이나 승기탕(承氣湯)은 준열(峻烈)한 약제로서 시험삼아 쓰는 것이 부당한데도 경솔하게 올리니, 식자(識者)들이 염려하였다. [藥房入診. 上進桃仁承氣湯. 用儒醫李公胤言也. 公胤術業雖稍精, 爲人妄悖, 不可近. 且甘遂散, 承氣湯, 是峻攻之劑, 不當嘗試, 而率爾進御, 識者憂之.]

## 내의원 진단

'변비(便秘)'와 '대변불리(大便不利)'는 혼동되어 쓰이는 개념 가운데 하나로, 굳이 나누어 보자면 대변불리 증상이 보다 넓은 개념이라 할 수 있겠다. 의사들이 환자의 대변 상태를 세심하게 물어보는 이유는 일주일에 한번 대변을 봐도 편안하고 정상이라 생각하는 사람이 있는가 하면 하루에 서너 번씩 대변을 봐도 정상이라고 생각하는 사람이 있기 때문이다. 임상적으로 볼 때는 둘 다 대변불리 증상으로 봐야 할 것이다. 경종은 대변 상태가 좋지 않았던 것 같다. '당귀용회환'이나 '도인승기탕'은 대변을 풀어 치료 효과를 보기 위한 처방이기 때문이다. 보통 한방에서 대변을 풀 때는 변비 자체가 목적이라기보다 대변을 풀어 줌으로써 2차적인 다른 효과를 보기 위한 경우가 많다. 변비의 원인이나 기전이 매우 다양하기 때문에, 무조건 대변을 풀기에만 초점을 맞추기보다는 대변이 시원치 않게 된 원인을 따져서 근본을 치료하는 쪽으로 나가는 것이 좋다. 만약 대변을 잘 보지 못한다고 해서 관장을 자주 하거나 변비약을 장기 복용하거나 하는 행동은 매우 위험하다. 대장 스스로가 대변을 배출시키지 않고, 인위적으로 계속 해결하게 되면 스스로의 자구 노력이 오히려 감소할 수도 있기 때문이다.

알로에는 그 약성이 차고 맛은 쓰므로 염증을 가라앉히고 혈압을 내리게 하면서 체열을 발산시키는 효과가 있다. 소량 사용하면 위를 튼튼하게 하여 소화 작용을 돕고 변비 개선에도 도움이 된다. 따라서 체열이 높고 대변이 불통되기 쉬운 소양인 체질에 적합한 식품이다. 만일 혈압이 낮고, 설사가 잦으며, 몸이 차서 찬 음식을 먹지 말아야 할 사람이 몸에 좋다고 알로에를 무분별하게 장기간 다량 섭취하면, 체내 장부의 균형이 깨져 건강은커녕 오히려 병증이 나타날 수도 있다.

# 수라간의 음식 처방 - 알로에를 이용한 음식

## 알로에크로켓 / 알로에감자전 / 알로에샐러드

알로에의 알로에틴 성분은 세균과 곰팡이에 대한 살균력이 뛰어나 무좀에서 종기까지 뛰어난 효과를 보인다. 또 알로에우르신 성분의 항체양성이 있어 위궤양이나 십이지장궤양에 즉효가 있는 것으로 알려져 있으며, 알로미틴 성분은 인플루엔자 바이러스를 억제하는 힘이 강력하여 세포의 면역력을 강화시켜 주는 식품으로 알려져 있다.

이 밖에도 스테로이드·아미노산·사포닌·항생물질·상처 치유 호르몬·무기질 등 60여 가지에 이르는 다양한 성분이 들어 있다. 알로에는 과로로 인한 피로 회복과 과음으로 인한 숙취 해소 등에 효과가 있고, 알로에의 잎을 잘라 두면 쓴 황색 물질이 흘러나오는 이것이 변비에 특히 효과가 있다. 알로에 잎의 액즙을 위장병에 내복하고 외상이나 화상 등에도 이용한다. 또한 건성 피부와 지성 피부를 중성화하고 피부 보습 효과가 있어 화장품 원료로도 쓰인다.

대장의 활동을 왕성하게 해 주는 알로에를 이용한 음식으로 알로에크로켓, 알로에감자전, 알로에샐러드 등을 권한다.

## 알로에크로켓

**재료 ● 4인분**

- 감자 · · · · · · · · · · · · · · · · 5개
- 알로에 · · · · · · · · · · · · · · · 100g
- 치즈 · · · · · · · · · · · · · · · · 2장
- 밀가루 · · · · · · · · · · · · · · 1/2컵
- 달걀 · · · · · · · · · · · · · · · · 1개
- 빵가루 · · · · · · · · · · · · · · · 1컵
- 식용유 · · · · · · · · · · · · · · · 2컵
- 소금·후추 · · · · · · · · · · 각 1작은술

**만드는 법**

1. 감자는 삶아서 껍질을 벗긴 다음 곱게 으깬다.
2. 알로에는 껍질을 벗기고 잘게 다져 준비해 둔다.
3. 으깬 감자에 알로에와 치즈를 넣고 소금과 후추로 간하고 재료들이 골고루 섞이도록 버무려 놓는다.
4. 감자 반죽을 먹기 좋은 크기가 되도록 동글게 빚은 다음, 밀가루를 얇게 묻히고 달걀물에 담근 다음 빵가루를 골고루 입힌다.
5. 냄비에 기름 온도가 170~180℃가 되면 감자를 넣고 튀긴다.

# 알로에감자전

| 재료 ● 4인분 |
|---|

감자 · · · · · · · · · · · · · · · 5개
알로에 · · · · · · · · · · · · · 300g
홍고추 · · · · · · · · · · · · · · 1개
쑥갓 · · · · · · · · · · · · · · · 50g
밀가루 · · · · · · · · · · · · · 3큰술
소금 · 후추 · · · · · · · · 각 1작은술

### 만드는 법

1 감자는 강판에 간다.
2 알로에는 곱게 다진다.
3 홍고추는 둥글게 썰고 쑥갓은 깨끗이 씻는다.
4 감자와 알로에, 밀가루를 혼합하여 소금과 후추로 간한다.
5 팬에 기름을 두르고 한 숟가락씩 떠 놓은 뒤 위에 고추와 쑥갓으로 모양을 내어 익힌다.

# 알로에샐러드

## 재료 ● 4인분

알로에 · · · · · · · · · · · · · · · 100g
체리토마토 · · · · · · · · · · · · · 5개
양상추 · · · · · · · · · · · · · · · 100g
파프리카 · · · · · · · · · · · · · 1/2개
양파 · · · · · · · · · · · · · · · · 1/2개
*드레싱(플레인 요구르트 1개, 설탕 1/2 큰술, 소금 1작은술)

## 만드는 법

1 알로에는 껍질을 벗겨 주사위 모양으로 썬다.
2 체리토마토는 깨끗이 씻어서 반으로 자른다.
3 양상추는 손으로 먹기 좋은 크기로 뜯어서 찬물에 담가 놓는다.
4 양파와 파프리카는 채 썬다.
5 모든 채소를 접시에 담고 드레싱을 뿌린다.

## 맛있는 Tip

**알로에 껍질 벗기는 법**

1. 생선 포를 떠내듯 껍질과 껍질 사이에 칼을 넣어 2등분한다.
2. 껍질을 도마 표면에 닿게 하고 알로에 살을 얇은 밥주걱 같은 것으로 주욱 밀면서 투명한 육질만 벗겨 낸다.
3. 분리된 육질을 필요한 크기로 잘라서 쓴다.
* 껍질에 붙어 있는 알로에 육질은 그냥 버리지 말고 피부에 골고루 문질러 준다.

## 뱃속을 따뜻하게 데워 양기를 북돋우어 주는 우유

# 제21대 영조
생몰 연도 1694~1776 / 재위 기간 1724~1776

숙종과 숙빈최씨 사이에서 태어나 형인 경종에게 자식이 없자 왕세제로 책봉되었고, 경종이 승하하자 조선의 21대 왕이 되었다. 노론 세력이 경종의 병을 이유로 왕세제에게 대리청정 시킬 것을 주장했다가 2년에 걸친 신임사화로 반역죄로 치죄되어 처형되는 과정에서 신변의 위협까지 받았다. 즉위 후 왕권을 강화하고 당쟁의 폐해를 제거하기 위해 탕평책을 실시했다. 그러나 정쟁은 완전히 끊이지 않아 영조 말년에 세자를 뒤주에 가두어 죽이게 되는 비극적 사건이 일어났다. 곧 이를 후회하고 세자의 위호(位號)를 복구시키고 사도(思悼)라는 시호를 내렸으며 장헌세자의 아들인 세손(훗날 정조)을 요절한 맏아들 효장세자(孝章世子)의 후사로 삼아 왕통을 잇게 했다. 영조 집권기는 중세 사회가 해체되어 가던 시기로서, 이익(李瀷)을 필두로 당시 사회문제 해결을 목적으로 하여 근대사회를 지향하는 실학이 발전했다. 영조는 이러한 사회 변화에 적극적으로 대응해 모순된 제도를 고치고 문화를 창달하기 위해 노력했다. 영조는 스스로 학문을 좋아했을 뿐 아니라 도서의 편찬과 간행·보급에 힘써 문운의 융성을 보게 되었다. 《어제경세문답》《동국문헌비고》등을 비롯한 많은 서적들이 편찬·간행되어 문화의 한 전성기를 이루었다. 재위 기간은 52년으로 조선의 역대 왕 중 가장 길었으며 83세에 세상을 떠났다.

## 조선왕조실록 엿보기

### 내의원에서 전례에 따라 우락을 올리다
— 영조 25년 기사(1749, 건륭 14) 10월 6일(신사)

내의원에서 전례에 따라 우락(牛酪)을 올렸다. 하루는 임금이 암소의 뒤에 작은 송아지가 따라가는 것을 보고 마음에 매우 측연(惻然)히 여기며 어공(御供)에 낙죽(酪粥)을 정지토록 명하였다. [內醫院例進牛酪. 一日, 上見牝牛之後, 小犢隨之, 心甚惻然, 命停御供酪粥.]

## 환후가 조금 낫자, 이중탕에 이중건공탕이라는 이름을 하사하다

― 영조 34년 무인(1758, 건륭 23) 12월 21일(계유)

임금의 환후(患候)가 조금 나았다. 임금이 말하기를, "이것은 이중탕(理中湯)의 공(功)이다. 이중탕의 이름을 '이중건공탕(理中建功湯)'이라고 하사하겠다." 하였다. [上候少愈. 上曰: "此理中湯之功也. 賜名理中湯曰, '理中建功湯.'"]

## 복부에 산기가 왕래하는 증세가 나타나다

― 영조 38년 임오(1762, 건륭 27) 1월 20일(갑인)

임금의 복부(腹部)에 산기(疝氣)가 왕래하는 증세가 있어 하루에 건공탕(建功湯)을 네 차례 올렸다. 이때에 임금이 이미 나이가 높은데다가 우환(憂患) 중에 부지런하고 게으르지 아니하여 매양 종일 낮과 밤을 새워도 스스로 피로한 줄을 몰랐기 때문에 이런 징후가 있게 된 것이다. [上有腹部疝氣往來之症, 一日四進建功湯. 時上春秋已高, 而憂勤不懈, 每終日達夜而不自疲焉, 故有此候.]

## 내의원 진단

우유죽은 궁중의 겨울철 보양식 중의 대표적인 음식이었다. 세종대왕도 왕위를 양보한 양녕대군에게 날마다 우유죽을 먹을 수 있도록 할 만큼 우유죽의 가치는 높게 평가되었다. 《조선왕조실록》에 나오는 우유죽은 '타락죽(駝酪粥)'이라고도 불리며 쌀을 갈아 우유를 부어서 끓인 우유죽을 말하는 것이다. 우유는 삼국시대부터 음용한 기록이 있으며, 고려시대에 상설 기관으로 우유소(牛乳所)가 있었고, 조선시대에는 타락색(駝酪色)으로 바뀌었다고 한다. 지금의 동대문에서 동소문에 걸치는 동산일대를 타락산이라 하고 약칭하여 낙산(駱山)이라 하는 이유가 여기에 있다고 한다. 《동의보감》에도 우유죽은 항시 복용하면 노인에게 가장 좋다고 기록되어 있으며, 조선시대 왕 중에서 가장 장수한 영조가 특히 애용했으리라는 것은 충분히 타당성 있는 말이다.

영조는 '이중탕'의 효능이 무척 마음에 들었던지, 친히 '이중건공탕'이라는 이름을 붙여 준다. 본래 이중탕은 뱃속을 따뜻하게 데워 양기를 북돋우어 주는 처방이다. 양기가 부족해지면 분돈과 같이 복부에서 기운이 뻗치는 경우가 있으며, 아마도 영조는 이런 산증을 느꼈던 것 같다. 영조 스스로 복부에 움직이는 기운을 느꼈다고 말한 것으로 미루어 보아 이중탕이 적합하였으리라 짐작된다.

## 수라간의 음식 처방 - 우유를 이용한 음식

### 타락죽 / 우유카레 / 우유수제비

우유 속의 단백질을 분해시키는 효소는 몸의 때와 묵은 각질을 제거시켜 주고, 유지방은 거친 피부를 부드럽게 해 준다. 더욱이 우유는 민감한 피부에도 트러블 없이 잘 맞는다. 우유에 들어 있는 비타민A가 위점막의 염증을 방지하고 세균의 저항력을 길러 준다. 우유를 매일 섭취하면 위암 발생률도 낮다는 연구 결과도 소개되었으며, 우유 속에 들어 있는 칼슘은 몸속에 쌓인 불필요한 체지방을 배출한다. 또한 우유 속의 레시틴 성분도 혈관 내 축적된 포화지방산을 녹이며 우유를 즐겨 마시면 변비 억제, 붓기 방지 등의 효과가 있다.

우유를 이용한 음식으로 타락죽, 우유카레, 우유수제비 등을 권한다.

## 타락죽

**재료 ● 4인분**

- 쌀·············1컵
- 물·············2컵
- 우유············4컵
- 브로콜리········100g
- 소금··········1작은술

**만드는 법**

1. 쌀은 충분히 불린 다음 건져 물기를 빼고 믹서에 브로콜리와 함께 간다.
2. 밑이 두꺼운 냄비에 1과 물 2컵을 넣고 나무 주걱으로 저으면서 끓이다가 죽 상태로 만든다.
3. 2에 우유를 조금씩 넣어 가며 주걱으로 멍울이 지지 않게 저어 가며 더 끓인다.
4. 우유를 부어 가며 농도를 맞춘 뒤 소금으로 간한다.

**임금님의 조반으로 애용된 타락죽**
타락이란 '말린 우유'라는 뜻의 몽골어 '토라크'에서 온 말로, 곱게 갈아 놓은 쌀에 물을 붓고 죽을 쑤다가 우유를 넣어 덩어리 없게 풀어 만든 것을 가리킨다. 우리나라에서 우유를 먹기 시작한 것은 4세기경부터로, 조선시대에는 서울 낙산에 국가에서 운영하는 목장이 있었다고 한다. 귀한 음식이라 임금의 보양제로만 진상되었다고 한다. 이때 타락죽의 재료인 생 우유를 짜는 일은 내의원 의관들이 직접 담당했다고 전한다. 〈동의보감〉에는 타락죽이 아이의 이유식, 노인과 환자의 보양식으로 소개되어 있다.

# 우유카레

| 재료 ● 4인분 | |
|---|---|
| 우유 | 1컵 |
| 카레가루 | 1큰술 |
| 단호박 | 1/4개 |
| 감자·양파 | 각 1/2개 |
| 쇠고기 | 50g |
| 버터 | 1큰술 |
| 밥 | 1공기 |

### 만드는 법

1 단호박은 껍질과 속을 제거한다.
2 감자와 양파는 껍질을 벗기고 깍둑썰기 한다.
3 쇠고기는 잘게 썬다.
4 우유에 카레가루를 1큰술 넣고 잘 풀어서 개어 준다.
5 달군 팬에 버터를 두르고 단호박, 감자, 양파를 넣고 볶은 다음 쇠고기를 넣고 다시 볶는다.
6 채소가 적당히 익으면 4를 붓고 주걱으로 저어 가며 농도를 맞춰 끓인다.
7 접시에 밥을 담고 위에 5를 붓는다.

# 우유수제비

| 재료 ● 4인분 |
|---|

- 밀가루 · · · · · · · · · · · · · · · 1컵
- 녹차가루 · · · · · · · · · · · · · 1작은술
- 우유 · · · · · · · · · · · · · · · · · 1컵
- 식용유 · · · · · · · · · · · · · · · 1큰술
- 감자 · · · · · · · · · · · · · · · · · 1개
- 호박 · · · · · · · · · · · · · · · · · 1/3개
- 가다랭이포 · · · · · · · · · · · 1큰술
- 소금 · · · · · · · · · · · · · · · · · 1작은술
- 참기름 · · · · · · · · · · · · · · · 1큰술

| 만드는 법 |
|---|

1 밀가루에 녹차가루를 섞은 뒤 체에 내려 준다.
2 1에 우유 1큰술과 식용유 1큰술을 넣고 반죽한다.
3 감자는 껍질을 벗기고 반달 모양으로 썬다.
4 호박은 반달 모양으로 썬다.
5 냄비에 물을 붓고 가다랭이포를 넣고 끓이다가 끓기 시작하여 3분이 지나면 가다랭이포를 건져 내고 감자와 호박을 넣고 끓인다.
6 5에 우유를 넣고 한소끔 끓인 다음 수제비를 떠 넣는다.
7 한소끔 끓어 오르면 소금으로 간한 뒤 참기름을 넣고 불에서 내린다.

## 음양의 조화가 깨져 생기는 허열과 갱년기증후군에 좋은 석류

# 제22대 정조

생몰 연도 1752~1800 / 재위 기간 1776~1800

영조의 손자로, 장헌세자(莊獻世子, 思悼世子)와 혜경궁홍씨(惠慶宮洪氏) 사이에서 태어났다. 영조 35년에 세손에 책봉되고, 1762년 세자인 아버지가 뒤주 속에 갇혀 죽은 뒤 동궁으로 불렸다. 1775년 12월, 영조에게서 대리청정의 명을 받았고, 이듬해 3월 영조가 승하하면서 대보(大寶)를 세손에게 전하라는 유교(遺敎)를 남김에 따라 즉위했다. 왕위에 오르자 바로 아버지 사도세자를 장헌세자로 추존했으며, 세손 때부터 자신을 보호한 홍국영(洪國榮)을 도승지로 삼고 숙위대장(宿衛大將)을 겸직시켜 반대세력을 숙청해 정권의 안정을 도모했다. 규장각(奎章閣)을 설치하여 역대 왕의 문적을 비롯한 수많은 서책을 수집 보관하게 하고, 정약용(丁若鏞) 등 각신(閣臣)을 선발해 연구에 몰두하도록 하는 한편 정조 자신도 이들과 시정(時政)의 득실과 학문을 논했다. 규장각의 인재 양성은 당파의 인물을 멀리하고 참신하고 유능한 신진들을 길러 새로운 정치 세력으로 만들려는 의도도 포함된 것이었다. 18세기 중후반에 걸친 정조 시대는 정치뿐만 아니라 사회·경제·문화·군사적인 면에서 다양한 변화 개혁과 더불어 기층으로부터의 새로운 움직임이 태동하던 시기였다. 이러한 시대적 상황하에서 정조는 새로운 개혁을 모색하고, 이를 토대로 왕권 신장 및 화성 건설이라는 대역사를 마련하고자 하였다.

## 조선왕조실록 엿보기

### 내의원에서 진찰하기를 청하다
— 정조 18년 갑인(1794, 건륭 59) 7월 21일(병오)

내의원에서 진찰하기를 청하니, 비답하기를, "밤사이에 여러 증세가 더하여 지금까지 잠을 이루지 못하였다. 비가 올 가망은 막연하고 뜨거운 햇볕만 더욱 심하니 규례를 갖추어 접견하는 일은 논할 바가 아니다. 애타는 마음 같아서는 실로 아무것도 모르고 싶다. 의관 등과 함께 탕제를 의논하여 정하도록 하라." 하였다. [藥院請診, 批曰: "夜間諸症越添, 至今不得接眼. 雨意漠然, 昊昊愈甚. 備例晉接, 非

所可論, 如焚如惔, 實欲無知. 只與醫官等議定湯劑."]

## 내의원에서 향라음을 올리다
— 정조 18년 갑인(1794, 건륭 59) 7월 21일(병오)

향라음(香薷飮)을 올렸다. [進御香薷飮.]

## 내의원 제조를 접견하다
— 정조 18년 갑인(1794, 건륭 59) 7월 23일(무신)

내의원 제조를 접견하였다. 가미한 연교음(連翹飮)을 올렸다. [召見藥院提調. 進御加味連翹飮.]

## 내의원에서 가미한 소요산을 올리다
— 정조 18년 갑인(1794, 건륭 59) 7월 28일(계축)

가미한 소요산(逍遙散)을 올렸다. [進御加味逍遙散.]

### 내의원 진단

'향라음'이라는 처방은 아마도 향유와 나복자라는 약재가 주를 이루는 처방으로 짐작되며, 정조가 뜨거운 햇볕에 건강을 잃어 소화가 잘되지 않고 잠을 못 이루는 등의 증상이 있었던 것으로 짐작된다. 뒤이어 처방되는 '가미연교음'이나 '가미소요산'은 쓸모없는 열을 제거하기 위해 사용되는 처방이며, 특히 가미소요산은 실열보다는 허열에 많이 사용되는 처방이다. 인체 내 음양의 조화가 깨져 추웠다 더웠다 번갈아 나타나거나 진액이 부족해져 허약해지고 피로해지는 증상까지 동반되는 경우에 사용되며, 양방에서 보면 갱년기증후군도 이에 해당되는 증상 가운데 하나로 본다. 호르몬 부족 등으로 열이 확 올라오고 추웠다 더웠다 하거나 진땀이 줄줄 흐르거나 팔다리가 쑤시거나 화가 자주 나거나 뼈가 약해지는 경우에는 무조건 호르몬 요법부터 사용하기보다는 운동이나 식이요법 등으로 자가 조절 능력을 키우도록 노력하는 것이 좋다. 모자란 호르몬을 보충해주면 일시적인 효과는 분명 강력하게 나타나지만, 본인의 조절 능력은 더욱 감퇴되어 자칫 평생 호르몬을 먹고 살아야만 하는 비참한 상태에 이를 수도 있기 때문이다. 만약 본인의 노력으로 한계를 느낀다면, 가까운 한의원에 가서 도움을 청하는 것도 좋은 방법이라 하겠다.

## 수라간의 음식 처방 - 석류를 이용한 음식

### 석류샐러드 / 석류젤리 / 석류인삼물김치

석류의 주요 성분은 당질(포도당, 과당)이 약 40%를 차지하며 수용성 비타민이 들어 있다. 껍질에는 타닌, 종자에는 에스트로겐이 들어 있는데, 석류에 들어 있는 에스트로겐은 인체에서 분비되는 에스트로겐과 동일한 분자 구조를 가지고 있는 것으로 알려져 있다. 자궁 발육과 제2차 성장에 도움을 주며, 살균 작용도 뛰어나다. 피부 미용과 갱년기 여성들이 겪는 안면홍조나 피부 건조를 막아 주면서 구내염과 불면증, 우울증, 관절통 예방 효과가 있는 것으로 알려져 있다. 석류를 장기 복용하면 주름살이 줄어들고 골다공증이 예방되며, 월경주기가 개선된다고 하니 여성에게 유용한 과실이라 할 수 있다.

석류를 이용한 음식으로 석류샐러드, 석류젤리, 석류인삼물김치 등을 권한다.

## 석류젤리

| 재료 ● 4인분 | 만드는 법 |
|---|---|
| 석류 주스·········2컵<br>설탕············2큰술<br>레몬즙············1큰술<br>젤라틴············15g | 1 석류 주스에 젤라틴과 설탕을 넣고 끓인다.<br>2 어느 정도 끓으면 레몬즙을 넣고 다시 끓인다.<br>3 모양 틀에 넣어서 굳힌다. |

## 석류샐러드

| 재료 ● 4인분 | 만드는 법 |
|---|---|

석류 · · · · · · · · · · · · · · · · 1/2개
양상추 · · · · · · · · · · · · · · · 1/2개
파프리카 · · · · · · · · · · · · · 1/2개
비트 · · · · · · · · · · · · · · · · · 20g
로메인상추 · · · · · · · · · · · · 20g
＊소스(올리브유 1큰술, 소금 1작은술, 후추 1작은술, 설탕 1큰술, 식초 1/2큰술)

1 양상추, 파프리카, 로메인상추는 손으로 먹기 좋은 크기로 잘라 찬물에 담근다.
2 비트는 채 썬다.
3 석류 알갱이는 알알이 따 준다.
4 3과 소스 재료를 모두 믹서에 넣고 갈아 소스를 만든다.
5 채소 물기를 제거한 다음 그릇에 담고 4를 뿌려 낸다.

# 석류인삼물김치

| 재료 ● 4인분 | |
|---|---|
| 물 | 200㎖ |
| 석류 | 1/2개 |
| 인삼 | 1뿌리 |
| 부추 | 50g |
| 파 | 1뿌리 |
| 마늘 | 2쪽 |
| 소금 | 1½큰술 |
| 고춧가루 | 1큰술 |

### 만드는 법

1 인삼(수삼)을 깨끗이 씻어 4cm 길이로 자른 다음 연한 소금물에 담갔다가 건져 둔다.
2 석류는 알을 꺼내 깨끗이 씻는다.
3 부추는 0.5cm 길이로 썬다.
4 인삼을 그릇에 담고, 부추·석류·파·마늘·소금을 넣고 버무린다.
5 4를 그릇에 담고 연하게 고춧가루물을 들여서 소금으로 간한 다음 숙성시킨다.

## 육체적·정신적 피로를 풀고 기력을 회복하는 데 좋은 연자

# 제23대 순조

생몰 연도 1790~1834 / 재위 기간 1800~1834

정조의 둘째아들로 태어나 조선의 23대 왕이 되었다. 11세의 어린 나이로 등극해서 대왕대비 정순왕후가 수렴청정을 했다. 이 시기에는 새로운 정치 체제를 주장한 홍경래의 난이 일어나 농민층의 자각, 조선 후기 사회의 붕괴가 가속화되었고, 많은 민란과 역모 사건, 전염병 발생, 수재 등 천재지변이 끊이지 않았다. 학문을 좋아하여 개인 문집을 남길 정도로 학문 발전에 관심을 기울였지만 외척들의 세도정치 속에서 왕권 강화를 이루지 못하고 요절했다.

### 조선왕조실록 엿보기

## 약원 도제조 김사목이 임금의 건강 상태에 대해 조목조목 알아보다

— 순조 11년 신미(1811, 가경 16년) 7월 8일(갑신)

약원에서 입진하였다. 도제조 김사목(金思穆)이 아뢰기를, "의관이 지금 이미 제절(諸節)을 진찰하였으니, 상세하게 하교하시면 탕제를 의정(議定)할 수 있겠습니다." 하니, 임금이 말하기를, "모든 일들이 그전만 같지 못하다. 이 달이 지난달만 못하고 지난달이 그 앞의 달만도 못한데, 알지도 깨닫지도 못하는 가운데 저절로 이와 같다. 평일 자궁(慈宮)에 문후(問候)할 적이면 번번이 걸어서 나아갔었지만 땀이 나는 경우가 없었는데, 지금의 경우는 걸어서 절반도 못가고 이미 몸에 땀이 나고 숨이 차며, 수라는 입맛이 달지 않아 잘 먹지를 못하며, 잠은 정월과 2월에 비하여 조금 낫기는 하지만 가끔 정신이 황홀하기도 하고 더러는 엎치락뒤치락하면서 편치 않으니 온당하다고는 할 수 없다." 하자, 김사목이 아뢰기를, "요즈음 서늘해지려는 기운이 갑자기 생겼으니, 조리(調理)하기에는 바로 좋습니다. 탕제는 오늘 의정할 필요가 없으니, 뒷날 차차 다시 상세하게 진찰한 연후에 의정하도록 하는 것이 어떻겠습니까?" 하니, 임금이 옳게 여겼다. 이어서 하교하기를, "요즈음에 자주 전좌(殿座)하는 것은 염려가 되어 부지런히 하려는 것이 아니고, 우러러보게 하려고 그러는 것도 아니다. 가끔 급박한 명령이 있게 되는 것도 역시 알지도 깨닫지도 못하는 가운데서 나오는 것이니, 마음이 약해진 소치이지 반드시 까닭이 있어서 그런 것은 아니다. 평상시에도 시끄럽게 떠드는 것을 좋아하지 않았지만, 걸어다니는 소리나 새소리 같은 것도 역시 모두 듣기가 싫다." 하자, 의관 진동수(秦東秀)가 아뢰기를, "맥후(脈候)는 대저 부족하며, 격담(膈痰)이 있는 듯합니다. 밤중에 간혹 가슴 사이에 조동(跳動)하는 징후가 없습니까?" 하니, 임금이 말하기를, "가끔 놀라는 듯한 경우가 있다." 하자, 진동수가 아뢰기를, "현기증이 나는 징후는 없습니까?" 하니, 임금이 말하기를, "지난번에는 약간의 현기증이 있었는데 요즈음에는 없다." 하자, 김사목이 아뢰기를, "모레 다시 입진하는 것이 적당하겠습니다." 하니, 임금이 옳게 여겼다. [藥院入診. 都提調金思穆曰: "醫官, 今已診察諸節, 詳爲下敎, 則湯劑可以議定矣." 上曰: "凡百不能如前. 今月不如去月, 去月不如前月, 不知不覺之中, 自然如是矣. 平日問候於慈宮也, 輒步詣而無汗氣矣, 今則步往未半, 已身汗氣喘, 水剌則口味不甘, 不善進御, 寢睡則比正月, 二月稍勝, 而有時精神怳惚, 或輾轉不寧, 不可謂穩矣." 思穆曰: "近日凉意頓生, 正好調理. 湯劑則今日不必議定, 後日次更爲詳細診察然後, 議定何如?" 上可之. 仍敎曰: "近日頻爲殿座, 非爲憂勤也, 非爲觀瞻而然也. 命令之有時乎急者, 亦出於不知不覺之中, 無乃心弱之致, 而必有所以然矣. 常時不喜喧囂, 至如行步之聲, 禽鳥之音, 亦皆厭聞矣." 醫官秦東秀曰: "脈候大抵不足, 而似有膈痰矣. 夜中或無膈間跳動之候乎?" 上曰: "有時乎若驚矣." 東秀曰: "無眩暈之候乎?" 上曰: "向時微有眩氣, 近日則無之矣." 思穆曰: "再明日當更爲入診矣." 上可之.]

## 내의원 진단

순조의 기력이 많이 떨어져 진땀을 흘리고 숨이 차며 식사도 제대로 하지 못하고 있음을 알 수 있다. 특히 발자국 소리나 새소리마저 짜증이 날 정도로 정신적 피로가 심하다는 것을 알 수 있다. 이는 잠을 제대로 이루지 못하면 나타나는 증상으로도 짐작해 볼 수 있다. 어의들은 이런 순조의 육체적·정신적 피로를 풀고 기력을 회복시키기 위해 다양한 노력을 기울인다. 《조선왕조실록》에 실려 있는 처방을 보면, 가미영신탕, 가미도담탕, 감맥대조탕, 혼원삼중고, 가미심신탕, 삼호온담탕, 대조지황탕, 주사안신환, 대조지황탕과 향부자, 가미조중탕, 가미정지탕, 천왕보심탕, 정지탕 등으로, 대부분의 처방이 심혈과 심기를 보강시키는 것으로 구성되어 있다. 처방의 대부분은 총명탕의 약재와 관련이 있는데, 이는 정신 사유 능력을 담당하는 두뇌의 기능을 한방에서는 심(心)에 배속시켰기 때문이다. 실제 총명탕은 머리를 똑똑하게 해 주는 처방이라기보다 머리를 맑게 해 주어 공부의 효율성을 높여 주는 것으로, 요즈음에는 공부에 지친 수험생에게 기력을 보강시키는 약물과 배오하여 머리를 맑게 해 주고 뇌세포를 활성화시켜 주는 쪽으로 많이 응용되고 있다.

## 수라간의 음식 처방 - 연자를 이용한 음식

### 연자육차 / 연자육경단 / 연근죽

연자는 단백질이 우수한 영양 식품으로, 소화 기능이 떨어짐으로써 오는 전신쇠약, 신경성 심장병, 피로 회복 등에 좋다. 또 신장이 제 기능을 발휘할 수 있도록 도와주는 작용이 크고, 설사를 멎게 하는 효과가 있으며, 정력 강화에도 도움이 된다.

연자죽은 내장을 보호해 주고, 마음을 안정시켜 주며 정신력을 강하게 만들어 줄뿐만 아니라 눈과 귀를 밝게 해 주는 효능이 있는 것으로 알려져 있다. 자주 먹으면 몸이 거뜬해지고 젊음을 오래 유지할 수 있다고 한다.

머리를 맑게 해 주고 뇌세포의 작용을 활성화시켜 주는 연자육을 이용한 음식으로 연자육차, 연자육경단, 연근죽 등을 권한다.

## 연자육차

| 재료 ● 4인분 | 만드는 법 |
|---|---|
| 연자 · · · · · · · · · · · · · · · · 1큰술<br>우유 · · · · · · · · · · · · · · · · · 1컵<br>꿀 · · · · · · · · · · · · · · · · · · 1큰술 | 1 연자는 하루 전에 찬물에 불린 다음 프라이팬에 약한 불로 볶는다.<br>2 볶은 연자를 분쇄기에 넣고 간다.<br>3 우유는 살짝 데워 놓는다.<br>4 데운 우유에 연자가루를 넣고 섞은 뒤에 꿀을 넣는다. |

## 연자육경단

| 재료 ● 4인분 |
|---|

찹쌀가루 · · · · · · · · · · · · · 1/2컵
백년초가루 · · · · · · · · · · · 1작은술
녹차가루 · · · · · · · · · · · · · 1작은술
연자 · · · · · · · · · · · · · · · · · 3큰술
대추 · · · · · · · · · · · · · · · · · 5알
꿀 · · · · · · · · · · · · · · · · · · · 1큰술
\* 시럽(설탕 3큰술, 물 3큰술)
\* 고명(대추 1개)

| 만드는 법 |
|---|

1 찹쌀가루를 2등분하여 백년초가루와 녹차가루로 익반죽해 30분 정도 숙성시킨다.
2 연자는 프라이팬에 볶아 분쇄기에 간다.
3 대추는 곱게 다져서 연자와 대추, 꿀을 넣고 반죽해 소를 만든다.
4 분량의 재료로 시럽을 만든다.
5 찹쌀 반죽을 완자로 만들어 소를 채워 준 다음 삶아 익혀서 찬물에 헹군다.
6 고명으로 쓸 대추를 모양 내어 자른 다음 경단에 올려 장식한다.

# 연근죽

| 재료 ● 4인분 |
| --- |

연근 · · · · · · · · · · · · · · · · · 100g
불린 쌀 · · · · · · · · · · · · · · · 1/2컵
물 · · · · · · · · · · · · · · · · · · · · 2컵
참기름 · · · · · · · · · · · · · · · · 1큰술
소금 · · · · · · · · · · · · · · · · 1작은술

| 만드는 법 |
| --- |

1 연근을 껍질을 벗기고 깍둑썰기 한 다음 물에 담근다.
2 불린 쌀은 잘게 다진다.
3 냄비에 참기름을 두르고 연근과 불린 쌀을 넣어 볶다가 물을 붓고 밥알이 푹 퍼지도록 끓인다. 소금으로 간한다.

| 맛있는 Tip |
| --- |

**목의 통증과 부종에는 연근 주스**

초기 감기로 목이 아프면서 기침이 나올 때 연근 주스를 마시면 즙이 환부에 닿는 순간 통증이 가시고 기침이 멎는다.
연근을 깨끗이 씻어서 껍질째 강판에 간 다음 즙을 짜서 먹는다. 이때 사과 1개를 갈아서 섞어 마시면 훨씬 마시기 쉽다. 먹을 때는 되도록 연근 주가 목에 머무는 시간을 길게 한다.

## 허약해진 위장의 기운을 보강시켜 소화력을 회복해 주는 감귤

# 제24대 헌종
### 생몰 연도 1827~1849 / 재위 기간 1834~1849

순조의 손자로, 아버지 익종이 대리청정 하던 중에 병사하자 왕세손에 책봉되었고, 8세에 왕이 되었다. 학문을 좋아하고 글씨를 잘 썼다. 즉위 초 순조비 순원왕후가 수렴청정을 했고, 재위 기간 내내 외척의 세도정치가 계속되었으며, 천주교 탄압이 강화되었다. 내영(內營)·총위영(摠衛營)을 설치로 세력 기반이 되는 군사력을 양성하기도 했으나 국정 전반에 걸쳐 영향력을 발휘할 수 없었다. 이 시기에는 천재지변이 빈번했고, 민란이 일어나기도 했다. 말년에는 서구의 군함이 출몰하여 통상과 천주교 탄압 중지를 요구하며 행패를 부리기도 했다. 23세에 후사 없이 세상을 떠났다.

## 조선왕조실록 엿보기

### 약원의 입진을 행하여 권돈인이 왕의 건강을 염려하다
— 헌종 15년 기유(1849, 도광 29) 4월 10일(무신)

중희당(重熙堂)에서 약원이 입진하였다. 도제조 권돈인(權敦仁)이 말하기를, "신이 정월 초하룻날에 인정전에서 문안한 뒤로 이제서야 등연(登筵)하여 천안(天顔)을 우러러본즉 옥색(玉色)이 여위고 색택(色澤)이 꺼칠하시니 아랫사람의 심정이 불안하기 그지 없습니다. 근일에는 주무시는 일이 어떠하십니까?" 하니, 임금이 말하기를, "이번에 괴로운 것은 처음부터 체기(滯氣)가 빌미가 되었고 별로 다른 증세는 없었다. 근일 이래로 체기가 자못 줄었고 잠도 조금 나아졌다." 하였다. 권돈인이 말하기를, "근일 중외(中外)의 여정(輿情)은 상후(上候)가 점점 회복되시는 것을 살피지 못하므로 아직도 초민하고 걱정이 박절하다 합니다. 여정은 그러할 듯합니다." 하니, 임금이 말하기를, "잘 알지 못하니 괴이할 것도 없겠다." 하였다. 권돈인이 말하기를, "근일 조리하는 탕제를 대내(大內)에서 드시므로 바깥에서는 드시는 것이 무슨 처방인지 몰라서 우려가 적지 않으니, 약방의 사체(事體)로 말하면 이것이 어찌 말이 되겠습니까? 이 뒤로는 달이고 지어 들이는 것이 모두 탑교(榻敎)에서 나온다면 사체가 당연할 것이고 여정의 답답함이 쾌히 풀릴 것입니다." 하니, 임금이 말하기를, "그렇다. 탕제는 탑교를 내겠다." 하였다. 권돈인이 말하기를, "약방의 입시(入侍)는 다른 입시와 달라서 전부터 와내(臥內)에서 편복(便服)으로 하시는 예(例)가 있습니다. 오늘은 동풍(東風)이 좋지 않은데 어찌하여 옮겨 계십니까? 옥체가 노동하시면 맥후(脈侯)도 안정되지 않아서 맥도(脈度)를 상세히 살피는 데에 방해됩니다." 하니, 임금이 말하기를, "그렇다." 하였다. [行藥院入診于重熙堂. 都提調權敦仁曰: "臣於正月初一日, 仁政殿承候後, 今始登筵, 仰瞻天顔, 則玉色瘦敗, 色澤燥澁, 下情不勝憧憧矣. 近日則寢睡之節何如?" 上曰: "今番所苦, 始以滯氣爲祟, 別無他證. 近日以來, 滯氣頗減, 而寢睡亦稍勝矣." 敦仁曰: "近日中外輿情, 莫察上候之漸復, 尙此焦遑憫迫云, 輿情似然矣." 上曰: "未能詳知, 容或無怪矣." 敦仁曰: "近日調理之劑, 自內進御, 故外間莫知進御, 是何方而憂慮不少, 以藥房事體言之, 是豈成說乎? 此後則煎入製入, 皆出榻敎, 則事體當然矣, 輿鬱快釋矣." 上曰: "然矣. 湯劑當出榻敎矣." 敦仁曰: "藥房入侍, 異於他入侍, 自前有臥內便服爲之之例. 今日東風乖宜, 何爲移次乎? 玉體勞動, 則脈候亦不安靜, 有妨於詳察脈度." 上曰: "然矣."]

## 약원의 입진을 행하다
— 헌종 15년 기유(1849, 도광 29) 4월 11일(기유)

영춘헌(迎春軒)에서 약원의 입진을 행하였다. 하교하기를, "진어할 가미이공산(加味異功散) 한 첩을 달여 들이라." 하였다. [行藥院入診于迎春軒. 敎曰: "進御加味異功散, 一貼煎入."]

## 내의원 진단

안색이 나쁘고 피부가 거칠어진 증상이 체기로부터 출발되었다는 헌종의 고백은 의미가 있다. 우리가 흔히 식체(食滯)라고 부르는 병증은 실제 먹은 음식이 식도나 위에 걸려 있는 것이 아니라 위장의 기능이 일시적인 정체 현상을 보이며 기의 흐름이 막혀 있는 상태다. 양방 병원에서는 신경성위염이라는 진단밖에 받지 못한다. 가벼우면 손발을 따는 응급처치만으로도 풀리고, 좀 심한 경우에는 한의원에서 사관이나 중완의 혈자리에 침을 맞으면 어렵사리 체증이 풀린다. 그러나 식체가 반복되고 울체나 적취증으로 변하게 되면 침 치료만으로는 어려워지므로 탕약을 사용해야 하는데, 단순한 소화제와는 차원이 다른 치료법이라 할 수 있다. 헌종에게 진어된 '이공산'도 기를 돋우어 주는 '사군자탕'이라는 처방에 기를 잘 소통시켜 주는 진피를 추가한 것으로, 《동의보감》에서는 비위가 허약하고 음식 생각이 없으며 배가 아프거나 설사하는 증상에 사용되는 처방이라고 기록되어 있다. 허약해진 위장의 기운을 보강시켜 소화가 잘되도록 만들어 주는 치료법이다.

## 수라간의 음식 처방 - 감귤을 이용한 음식

### 감귤팬케이크 / 귤조림크레이프 / 귤컵샐러드

감귤에는 구연산이 풍부하여 식욕 증진 효과가 큰 합리적인 영양식품이다. 칼슘과 비타민C를 비롯한 비타민류가 다량으로 고루 함유되어 있어 여성의 피부 미용에 효과적이고, 혈색을 좋게 하며 빈혈 예방과 치료에 좋아 임산부가 자주 먹으면 좋다. 발육기 어린이의 건강에도 큰 도움이 된다. 알칼리성 과실로서 피로 회복 작용이 뛰어나다. 과일 중 감귤에만 함유된 비타민P는 모세혈관을 보호하고 고혈압의 예방과 개선에 도움이 된다. 곡류 중심의 식생활은 산성 체질로 기울어지기 쉬우므로, 산성화되는 체질 개선을 위하여 감귤은 필요한 영양 식품이다.

허약해진 위장의 기운을 보강시켜 소화 기능을 보강해 주는 귤을 이용한 음식으로 감귤팬케이크, 귤조림크레이프, 귤컵샐러드 등을 권한다.

### 감귤팬케이크

**재료 ● 4인분**
- 밀가루 · · · · · · · · · · · · · · · 2컵
- 베이킹파우더 · · · · · · · · · · · · 1큰술
- 달걀 · · · · · · · · · · · · · · · · 2개
- 우유 · · · · · · · · · · · · · · · · 1컵
- 감귤 · · · · · · · · · · · · · · · · 2개
- 설탕 · · · · · · · · · · · · · · · · 1컵
- 계피가루 · · · · · · · · · · · · · · 1작은술
- 버터 · · · · · · · · · · · · · · · · 1작은술

**만드는 법**
1. 밀가루에 베이킹파우더, 달걀노른자, 설탕, 우유를 넣고 잘 섞는다.
2. 달걀 흰자를 거품을 내어 1에 넣고 조심스럽게 저어 준다.
3. 감귤은 설탕과 계피가루를 넣어 졸인다.
4. 2를 팬에 버터를 두르고 부친다.

# 귤조림크레이프

| 재료 ● 4인분 |
|---|

귤 · · · · · · · · · · · · · · · · · · 6개
녹말 · · · · · · · · · · · · · · · · 1큰술
백포도주 · · · · · · · · · · · · · 2큰술
설탕 · · · · · · · · · · · · · · · · 1큰술
*크레이프(밀가루 1컵, 우유 1컵, 달걀 1개, 소금 1작은술, 식용유 1큰술)

### 만드는 법

1 밀가루에 우유와 달걀을 넣고 소금으로 간한 다음 분량의 식용유를 넣어 크레이프 반죽을 만들어 놓는다.
2 귤 2개는 즙을 내고 나머지는 통째로 썰어서 껍질을 벗긴다.
3 냄비에 2의 귤 즙과 귤을 넣고 끓이다가 녹말풀과 포도주, 설탕을 넣는다.
4 팬에 버터를 두르고 크레이프 반죽을 떠서 둥글게 부친다.
5 3을 크레이프 위에 얹어 낸다.

# 귤컵샐러드

| 재료 ● 4인분 |
|---|

- 귤 · · · · · · · · · · · · · · · · · 3개
- 오이 · · · · · · · · · · · · · · · 1/2개
- 토마토 · · · · · · · · · · · · · 1/2개
- *크림 소스(생크림·마요네즈 각 2큰술, 설탕 1작은술)

| 만드는 법 |
|---|

1. 귤은 껍질째 깨끗이 씻어 2/3를 남기고 윗부분을 자른 뒤 속을 말끔히 파낸다. 파낸 귤 알맹이는 버리지 않고 둔다.
2. 오이와 토마토는 잘게 썬다.
3. 생크림, 마요네즈, 설탕을 섞어 크림 소스를 만든다.
4. 1에 2의 오이와 토마토, 귤 알맹이를 채우고 크림 소스를 얹는다.

| 맛있는 Tip |
|---|

**귤껍질차**(재료 : 귤껍질 30g, 생강 10g, 작설 5g, 꿀 4큰술, 물 6컵)
귤을 깨끗이 씻어 물기를 없앤 뒤 껍질을 벗겨 안의 흰 속껍질을 긁어 내고 겉껍질만 준비해 둔다. → 껍질 벗긴 생강을 0.3cm 두께로 저며 놓는다. → 귤껍질과 생강, 작설을 주전자에 넣고, 물과 함께 20분은 중불에서, 나머지 10분은 약한불에서 서서히 달인다. → 맛이 충분히 우러나오면 체에 걸러 찻잔에 따르고 꿀을 타서 마신다.

# 제25대 철종

### 비위 기능을 돋우어 소화가 잘되게 해 주는 버섯

생몰 연도 1831~1863 / 재위 기간 1849~1863

정조의 이복동생인 은언군(恩彦君)의 손자로, 강화(江華)에서 아무 교육도 받지 못하고 농사를 지으며 살았다. 1849년 헌종이 후사 없이 죽자 영조의 유일한 혈손으로서 대왕대비 순원왕후의 명으로 왕위에 올랐다. 즉위 후에는 순원왕후가 수렴청정을 했는데, 대왕대비의 친정인 김조순 가문이 경쟁 세력을 도태시키면서 전보다 강화된 독점권력을 누렸고, 김문근(金汶根)의 딸을 왕비로 맞아들이면서 안동김씨의 세도정치가 계속되는 바람에 정치를 바로잡지 못했다.

1852년에 친정을 시작, 나이가 들고 친정의 경험도 쌓이면서 관리들의 부정을 공격하는 등 비교적 적극적으로 정치에 참여했다. 신하들의 반대를 무릅쓰고 훈련도감의 마보군(馬步軍)과 별기군(別技軍)의 군사를 이용하여 궁궐의 숙위를 강화하려 했으나 세도정치의 폐단으로 봉건적인 통치 기강이 무너지고, 삼정(田政·軍政·還穀)의 문란이 더욱 심해져 백성들의 생활은 도탄에 빠지게 되었다. 이 시기에는 삼남 지방을 중심으로 곳곳에서 농민항쟁이 일어났으며, 동학(東學)이 창시되어 새로운 세력으로 확대되었다.

## 조선왕조실록 엿보기

### 대왕 대비전의 환후로 약원에서 윤번으로 숙직하다

— 철종 8년 정사(1857, 함풍 7) 8월 4일(임자)

대왕대비(大王大妃殿)전께서 담체(痰滯)의 증세로 미령한 환후(患候)가 있어 약원에서 윤번(輪番)으로 숙직하였다.〔大王大妃殿, 以痰滯之症, 有靡寧之候, 藥院輪直.〕

## 내의원 진단

한의학에서는 50대 이후부터 순차적으로 오장의 기능이 쇠약해진다고 본다. 50대에는 간의 기능이 쇠약해지고 60대에는 심장의 기능이 쇠약해지며 70대부터는 비위의 기능이 약해진다. 그러므로 나이 70을 넘기신 노인분들이 갑자기 식욕을 잃게 되면, 아무리 사소한 병중이 있다 하더라도 주의를 기울여야만 한다. 평소 흔히 앓던 감기에 걸렸다 하더라도 갑자기 식욕이 떨어져 식사를 못하게 되면 삽시간에 위험한 병중으로 진행될 수 있기 때문이다. 위에 설명한 내용과 같이 담체의 증상으로 식사를 못하게 되자, 바로 사망에 이르게 된 기록이 실록에 실린 것이다.

기력이 많이 쇠약해져 있는 노인 분들의 경우에는 항상 신중하게 관리해야만 한다. 예전에 모 드라마에서 대비마마가 아들인 왕에게 항의하는 차원으로 단식을 하자, 의원들이 침 치료를 중단하는 장면이 나왔었다. 기력이 너무 쇠약한 분들은 침 치료도 위험하기 때문이다. 그럴 경우에는 침 치료를 하기 위해서라도 어쩔 수 없이 보약을 먹어야 하는 경우가 생기게 된다. 비위의 기능을 돋우어 소화가 잘되게 해 주는 버섯 종류를 식재료로 이용하면 좋겠다.

## 수라간의 음식 처방 - 버섯을 이용한 음식

### 버섯잡채 / 버섯탕수 / 버섯브로콜리볶음

버섯에는 다당류의 일종인 베타글루칸이 풍부하다. 이 성분은 세포의 면역 기능을 활성화하여 암세포의 증식과 재발을 억제하고, 혈당과 혈중콜레스테롤을 감소시키며, 지질대사를 개선하여 체지방의 형성과 축적을 막아 준다. 따라서 혈액 순환을 증진하는 효과가 있고, 동맥경화·심장병·당뇨병 등의 성인병을 예방하고 개선하는 데 도움이 된다. 또한 버섯에는 불포화지방산이 많고 필수아미노산과 아미노산의 함량이 육류나 우유 등의 수준과 비슷하여 고단백질 식품으로 손색이 없다. 버섯은 90% 내외의 수분으로 구성되어 있고, 섬유소가 풍부하여 체중 조절 음식으로서도 효과적이다.

비위를 튼튼하게 하여 위장의 활동을 왕성하게 해 주는 버섯을 이용한 음식으로 버섯잡채, 버섯탕수, 버섯브로콜리볶음 등을 권한다.

## 버섯브로콜리볶음

**재료 ● 4인분**

- 양송이버섯·············· 4개
- 브로콜리··············· 100g
- 올리브오일·············· 1큰술
- 다진 마늘············· 1/3작은술
- 진간장················ 1큰술
- 마른 허브가루············ 1큰술
- 소금················· 1작은술

**만드는 법**

1. 양송이버섯은 껍질을 벗겨 도톰하게 저며 썬다.
2. 브로콜리는 작은 송이로 떼어 끓는 물에 소금을 약간 넣고 파랗게 데친 뒤 찬물에 헹군다.
3. 달군 팬에 올리브오일을 두르고 양송이버섯과 브로콜리를 넣어 기름이 배도록 살짝 볶는다.
4. 3을 불에서 내리기 전에 간장으로 간을 하고, 다진 마늘과 허브가루, 소금을 넣어 섞는다.

## 버섯탕수

| 재료 ● 4인분 |
|---|

새송이버섯 · · · · · · · · · · · · · · 3개
표고버섯 · · · · · · · · · · · · · · · 3개
팽이버섯 · · · · · · · · · · · · · · 1봉지
당근 · · · · · · · · · · · · · · · · · 1/3개
양파 · · · · · · · · · · · · · · · · · 1/3개
오이 · · · · · · · · · · · · · · · · · 1/2개
튀김용 기름 · · · · · · · · · · · · 적당량
＊탕수육 소스(녹말물 2큰술, 설탕·식초 각 1큰술, 간장 2작은술, 소금 1작은술, 물 2/3컵)
＊튀김옷(밀가루 3큰술, 녹말가루 2큰술, 물 적당량)

| 만드는 법 |
|---|

1 새송이버섯은 한입 크기로 썬다.
2 표고버섯은 갓을 떼어내고 2등분한다.
3 팽이버섯은 밑동을 잘라 둔다.
4 밀가루와 녹말가루를 물에 섞어서 튀김옷을 만든다.
5 당근은 모양 틀로 찍어 꽃 모양을 만든다. 양파는 큼직하게 썰고 오이도 양파 크기로 썬다.
6 달군 팬에 기름을 두르고 당근, 양파, 오이를 볶다가 분량의 물을 넣고 한소끔 끓인 뒤 물녹말을 넣고 설탕, 식초, 간장 소금을 넣어 간을 맞춘다.
7 1, 2, 3의 버섯에 튀김옷을 입힌 뒤 170℃ 온도의 기름에 바삭하게 튀긴다.
8 그릇에 튀김을 담고 소스를 붓는다.

# 버섯잡채

| 재료 ● 4인분 |
|---|

쇠고기 · · · · · · · · · · · · · · · 100g
표고버섯 · · · · · · · · · · · · · · 5장
느타리버섯 · · · · · · · · · · · · 50g
팽이버섯 · · · · · · · · · · · · · · 1팩
피망 · · · · · · · · · · · · · · · · · 1개
식용유 · · · · · · · · · · · · · · · 3큰술
*양념(진간장 1큰술, 참기름, 소금, 다진 파·마늘 1큰술, 진간장 1큰술, 설탕, 깨소금, 후춧가루)

| 만드는 법 |
|---|

1 쇠고기는 5cm 길이로 채 썰어 갖은 양념을 해서 재운다.
2 표고버섯은 미지근한 물에 불려 기둥을 떼어 내고 물기를 꼭 짠 다음 채 썬다.
3 느타리버섯은 끓는 물에 데쳐서 물기를 짠 다음 길이로 찢는다.
4 팽이버섯은 밑동을 자르고 깨끗이 씻는다.
5 피망은 반을 갈라 씨를 털어 내고 채 썬다.
6 달군 프라이팬에 식용유를 두르고 양념한 쇠고기를 볶다가 버섯을 넣어 볶고, 피망을 마지막에 넣어 볶는다.

## 얼굴의 풍열증과 몸의 가려움증을 치료하는 데 좋은 침

# 제26대 고종

생몰 연도 1852~1919 / 재위 기간 1863~1907

흥선군의 둘째아들로 태어나 조선의 26대 왕이 되었다. 병인박해, 병인양요, 신미양요 등 외세와 많은 충돌이 있었고, 조일수호협약이 체결된 후 구미 열강과 차례로 개화 정책을 실시했다. 을미사변으로 명성왕후를 잃고, 1907년 순종에게 선위하고 1919년 세상을 떠났다. 이 시기에 동학 혁명이 일어났고, 시민 계급이 성장했으며, 독립협회가 활동했다.

## 조선왕조실록 엿보기

### 약원에서 여름 감기로 인해 체후가 편치 않으므로 입진을 청하다

— 고종 27년 경인(1890, 광서 16년) 5월 14일(임오)

약원에서 구계(口啓)를 올려, '전하의 체후(體候)가 여름 감기로 편치 않은 증세가 있다고 하므로 감히 입진을 청합니다.' 라고 하니, 비답하기를, "한때 더위를 탄 데 지나지 않고, 또 이미 나아가고 있으니 경들이 입진할 필요는 없다." 하였다. 재차 계사(啓辭)를 올렸으나, 또 윤허하지 않았다. [十四日. 藥院口啓 "聖體以暑感有靡寧之節云, 敢請入診." 批曰: "不過一時暑崇, 亦已向勝, 卿等不必入診矣." 再啓, 又不允.]

### 약원에서 구두로 입진할 것을 아뢰다

— 고종 31년 갑오(1894, 광서 20년) 12월 1일(계묘)

약원에서 구두로 아뢰기를, "옥체(玉體)가 편치 않은 지 이미 여러 날이 되었는데도 건강을 보호하는 직책에 있으면서 한 번도 진찰하지 못하였으니, 마음 가득 걱정스러운 생각을 금할 수 없습니다. 삼가 어제 비답을 받고 성상의 증후를 헤아려 보건대, 여러 가지 증상이 계속 번갈아 괴롭히는 것은 원기(元氣)가 빠져서 약해지고 체증으로 허한 틈을 타서 나타나는 것입니다. 이런 때에 거기에 맞는 약을 쓰는 것을 한두 의원들에게 함부로 의논하게 할 수 없다는 것은 명백합니다. 신 등은 초조한 마음으로 밤을 보냈는데, 또 여러 가지 증상이 뚜렷하게 나았는지 알지 못하여 더욱 불안하기 그지없었습니다. 속히 어의들을 거느리고 입진한 다음 널리 의논하여 확정할 수 있도록 허락해 주시기를 천만 번 간절히 바랍니다." 하니, 비답하기를, "밤새 온몸이 가려웠고 눈의 풍열증(風熱症)도 아직 차도가 없으나, 이미 궐내에서 조치하고 있으니, 입진할 필요 없다." 하였다. [初一日. 癸卯. 藥院口奏: "玉度愆和, 已有多日, 而職忝保護, 未蒙一診, 滿心憂鬱靡所止屆. 謹奉昨日批敎, 仰揣聖候, 則諸症一向交苦元氣受瀉而痿滯 崇乘虛而肆. 此時對投, 不可使一二醫妄議也, 審矣. 臣等焦慮經夜, 又未審諸節顯勝, 尤不任憧憧. 亟許率諸御醫入診, 漢詢確定, 千萬顒祝." 批曰: "夜間全體搔癢, 眼部風熱, 尙無差度, 已自內調治, 不必入診矣."]

## 약원에서 구두로 입직할 것을 청하다
― 고종 31년 갑오(1894, 광서 20년) 12월 7일(기유)

약원에서 구두로 아뢰어 돌아가며 입직할 것을 청하니, 비답하기를, "얼굴의 풍열증(風熱症)과 몸의 가려운 증상이 끝내 시원하게 낫지 않으니, 탕약은 이전 처방대로 하되 승마(升麻)와 갈근(葛根)을 각각 한 돈중씩 더 넣어서 지어 들이고, 돌아가며 입직하는 것은 그만두라." 하였다. [初七日. 藥院口奏, 請輪直. 批曰: "面部風熱, 體上搔癢, 終遲快勝, 湯劑依前方加升麻, 葛根各一錢製入, 輪直置之."]

### 내의원 진단

'여름감기는 개도 안 걸린다'라는 말이 있지만, 요즘 여름감기는 너무 흔한 질병이다. 과도한 냉방으로 인한 온도 차이에 피부나 위기가 제대로 적응하지 못해 오히려 환절기처럼 감기가 많이 발생하게 되는 것이다. 또한 여름철 뜨거운 햇볕에 기가 손상되고 땀을 많이 흘러 허약해졌기 때문에 걸리는 감기도 있다. 고종의 여름감기는 아마도 후자에 해당되었을 것이다. 고종에게 여러 가지 증상이 계속 나타나는 이유를 원기 부족과 체증으로 인한 영양 섭취 불량으로 파악하고 있기 때문이다. 세간에 잘못 알려진 엉터리 상식 가운데 하나가 바로 여름철에 보약을 먹으면 땀으로 다 빠져나간다는 말이다. 여름철에는 여름철에 맞는 보약이 따로 있다. 괜히 고생하지 말고 기력이 떨어진다고 생각되면 빨리 주치 한의사를 찾아가 진료나 처방을 받는 것이 좋다.

얼굴의 풍열증과 몸의 가려움증을 치료하기 위해 승마와 갈근을 추가로 처방에 넣는 것은 참으로 오묘한 이치가 있다. 승마는 약의 기운을 위로 끌어올려 주어 얼굴로 가게 해 주며, 갈근(칡)은 엉켜 있는 습열의 기운을 편안하게 풀어 주는 작용을 하기 때문이다.

## 수라간의 음식 처방 - 칡을 이용한 음식

### 칡전 / 칡묵무침 / 칡비프케밥

칡은 부위별로 구분하면 머리, 몸통, 꼬리 부분으로 나뉘며 단면으로 구분해 보면 겉껍질, 중간, 속으로 분류할 수 있다. 부위별로 쓴맛은 머리, 겉껍질에 단맛, 갈분(녹말)은 몸통 중간 부분에 많이 함유하고 있다. 칡 특유의 향긋한 냄새는 특히 머리와 겉껍질에서 많이 풍긴다. 또한 칡뿌리에는, 수분이 풍부하고, 탄수화물과 무기질이 많으며, 비타민C 등 각종 영양소가 골고루 들어 있다. 특히 천연 여성 호르몬 물질인 에스트로겐이 다량 함유되어 있으므로, 갱년기 장애로 오는 우울증이나 답답증을 개선하는 데 도움이 된다. 또한 해독 작용이 뛰어나 음주 후 숙취 해소, 공기 오염으로 인한 아토피의 개선에도 좋은 효과를 볼 수 있다. 칡의 녹말은 고급 녹말로서, 산후나 과로, 질병 후 진이 빠졌을 때 특별히 도움이 된다.

습열의 기운을 편안하게 풀어 주는 작용을 하는 칡을 이용한 음식으로 칡전, 칡묵무침, 칡비프케밥 등을 권한다.

## 칡전

**재료 ● 4인분**

- 칡녹말······1/2컵
- 밀가루······1/2컵
- 부추······50g
- 홍고추······2개
- 마늘······1개
- 달걀······1개
- 소금······1작은술
- 식용유······적당량
- *양념간장(간장, 참기름, 통깨)

**만드는 법**

1. 칡녹말과 밀가루를 섞어서 소금을 약간 넣고 반죽한다.
2. 부추는 잘게 썰고 홍고추와 마늘은 다져 놓는다.
3. 1과 2를 섞어 소금으로 간한다.
4. 팬에 기름을 두르고 3을 지져 낸다.
5. 전을 접시에 담아 양념간장을 곁들여 낸다.

# 칡묵무침

### 재료 ● 4인분

묵 · · · · · · · · · · · · · · · · · · 1/2모
상추 · 쑥갓 · · · · · · · · · · · · 각 50g
깻잎 · · · · · · · · · · · · · · · · · · 5장
청 · 홍고추 · · · · · · · · · · · · 각 2개
쪽파 · · · · · · · · · · · · · · · · · · 2뿌리
*무침 양념장(간장 2큰술, 다진 마늘 1/2큰술, 고춧가루 2큰술, 설탕 1/2큰술, 참기름 · 깨소금 각 1큰술)
김가루 · · · · · · · · · · · · · · · 20g

### 만드는 법

1 묵을 묵칼로 예쁘게 자른다.
2 상추와 쑥갓, 깻잎은 깨끗이 씻어서 적당한 크기로 자른다.
3 고추는 어슷하게 썰어서 씨를 빼고, 파는 송송 썬다.
4 간분량의 재료를 섞어 무침 양념장을 만든다.
5 접시 한쪽에는 묵을, 한쪽에는 채소를 담은 뒤, 그 위에 고추와 파, 김을 올리고 양념을 뿌린다.

### 맛있는 Tip

**칡묵 만들기**(재료 : 칡전분 1컵, 물 4컵, 소금 약간)
칡전분과 물을 냄비에 넣고 충분히 저어 주면서 투명해질 때까지 끓여서 판에 부어 식힌다.
*칡은 산속에 자생하는 무공해 식품으로 생 칡즙은 숙취에 특히 좋으며, 칡뿌리에 있는 전분을 채취해서 묵, 전, 국수에 이용하면 향긋하고 싱그러운 칡 냄새와 고향의 맛을 느낄 수 있다.

# 칡비프케밥

| 재료 ● 4인분 |
|---|

- 칡밀가루·················1컵
- 쇠고기·················100g
- 양파··················1/4개
- 토마토·················1/2개
- 양상추·치커리········각 50g
- 소금·후추·········각 1/2작은술
- *반죽 양념(버터 1덩어리, 설탕 1작은술, 소금 1/2작은술, 올리브유 3큰술, 물 3큰술)
- *허니머스터드(머스터드·식초·꿀 각 1작은술)

| 만드는 법 |
|---|

1 고기를 소금과 후추로 양념한 다음 볶는다.
2 양파는 채 썰고 토마토는 끓는 물에 데쳐서 껍질을 벗긴 다음 사각으로 썬다.
3 양상추와 치커리는 깨끗이 씻어서 손으로 뜯어 놓는다.
4 칡밀가루에 버터, 설탕, 올리브유, 소금을 넣고 섞은 다음 물을 넣고 만두피보다 되직하게 반죽한다.
5 반죽을 떼어 10cm 길이로 얇게 민 뒤 팬에 기름을 두르지 않고 노릇하게 구워 낸다.
6 머스터드·식초·꿀을 섞어 허니머스터드를 만든다.
7 밀전병에 채소를 넣고 허니머스터드를 발라 돌돌 말아 준다.

## 노폐물과 독을 몰아내고 각기를 치료하는 잉어와 팥

# 제27대 순종
### 생몰 연도 1874~1926 / 재위 기간 1907~1910

고종과 명성왕후의 맏아들로 태어나 조선의 27대 왕이자 대한제국 제2대 황제로 즉위했다. 순종 주위에는 친일 인사만 포진하고 있어 왕권을 제대로 행사하지 못했다. 1910년 한일합병으로 한반도를 무력으로 강점해 버린 일본은 친일파 정객과의 야합으로 조선 27왕조 519년 역사의 막을 내린다. 순종은 대한제국이 무너지고 황제에서 왕으로 강등되어 1926년 생애를 마쳤다.

## 조선왕조실록 엿보기

### 태의원에서 황제의 건강을 진찰할 것을 아뢰었으나 허락하지 않다
— 순종즉위년 정미 (1907, 융희 1년) 9월 14일

태의원(太醫院)에서 올린 구주(口奏)에, "방금 대령의관(待令醫官)이 전하는 말을 듣건대, 폐하께서 전당에 오르내릴 때 다리 부분이 피로해져서 건강이 좋지 않다고 하니, 구구한 심정에 지극히 걱정됨을 금할 수 없습니다. 신들이 의관을 거느리고 입진하여 증세를 자세히 살펴보고 해당하는 약제를 의논하여 결정하도록 속히 허락해 주소서." 하니, 비답하기를, "써야 할 약제는 대내(大內)에서 쓰겠으니, 경들은 입시(入侍)할 필요가 없다." 하였다. 재차 아뢰었으나 윤허하지 않았다. [十四日. 太醫院口奏"卽伏聞待令醫官所傳之言, 則殿軒升降之際, 脚部受損, 玉度靡寧, 區區下情, 不勝憂慮之至. 亟許臣等率醫官入診, 詳察證候, 議定當劑." 批曰: "進用之劑, 當自內爲之, 卿等不必入侍矣." 再奏不允.]

### 태의원 관리가 황제를 진찰하다
— 순종즉위년 정미 (1907, 융희 1년) 9월 15일

태의원(太醫院)에서 입진하였는데, 도제조 민영규(閔泳奎)가 아뢰어 의관이 입진할 것을 청하니 윤허하였던 것이다. 의관 이학호(李鶴浩) 등이 진찰하고 아뢰기를, "왼쪽 부위의 촌맥(寸脈)에 놀라서 동요하는 증세가 있습니다." 하고, 민영규가 아뢰기를, "해당하는 약제를 의논하여 정해야 하는

데, 이때 신들이 퇴출하게 되니, 마음이 더욱 답답합니다. 본원에서 윤직(輪直)하도록 속히 허락해 주소서." 하니, 상이 이르기를, "윤직할 필요는 없다." 하였다. [五日. 太醫院入診都提調閔泳奎奏 "請醫官入診." 允之. 醫官李鶴浩等, 診候奏曰: "左部寸脈, 有驚動之候矣." 泳奎曰: "議定當劑, 而此時臣等之退出, 下情尤爲焦鬱, 亟許輪直本院." 上曰: "不必輪直矣."]

## 내의원 진단

특별히 다치지도 않았는데 다리가 붓거나 아프거나 힘이 없는 경우를 '각기병(脚氣病)'이라고 부른다. 한방에서 말하는 각기병은 우리가 흔히 알고 있는 비타민 부족으로 생기는 각기병과는 다른 개념으로, 그 원인과 치료 방법이 매우 다양하다. 보통 오랫동안 진행된 만성질환인 경우가 많아 침구 치료와 더불어 한약 치료도 같이 병행한다. 일례를 들면 비위 기능이 떨어져서 다리에 힘이 빠지고 다리를 질질 끌게 되는 경우의 각기병은 비위를 보하는 한약과 침구 치료를 병행하게 되는 것이다.

순종이 세자일 때부터 자주 체하고 비위 기능이 좋지 않았던 사실을 생각해 보면, 이 각기병 또한 약물 치료를 병행했을 가능성이 높다고 하겠다. 그런데 각기병의 금기법을 보면 매우 뜻 깊은 말이 나온다. 금기법 중에서 제일 첫 번째로 기록되어 있는 조문이 바로 '성내지 마라'는 조문으로, 이는 성질을 부림으로써 자칫 심기가 흔들려 각기병이 더 심해지거나 낫지 않을까 걱정되기 때문이다. 의관이 순종을 진찰한 후 맥에 동요하는 증세가 보인다고 말한 왼쪽의 촌맥 부위가 바로 오장육부 중에서 심(心)에 해당하는 부위이다. 하루하루 망해 가는 나라의 마지막 임금으로 그 심맥이 흔들리지 않는다면 오히려 이상한 일이 아니었을까. 식재료로는 노폐물과 독을 몰아내고 각기를 치료하는 잉어와 팥 등이 적합하다.

## 수라간의 음식 처방 - 잉어와 팥을 이용한 음식

### 잉어미역국 / 잉어찜 / 동지팥죽

임신 부종이나 각기 부종에 특효약으로 전해오는 것이 잉어와 팥을 달여 마시는 것이다. 잉어는 중국에서는 3천 년 전부터 애용되어 온 강장 보신 식품으로, 산후 회복에 효과가 좋다. 팥의 주성분인 사포닌은 거품 성분으로서, 잉어와 팥을 넣고 삶으면 사포닌이 우러나와 몸속에서의 수분을 배출하는 데 도움을 준다. 몸에 부담을 덜 주면서 수분 대사에 도움이 되는 좋은 방법이다. 임산부는 간장에 큰 부담을 안고 있으며 그런 때에 소화 흡수가 잘되는 양질의 단백질 식품인 잉어와 간장의 기능에 큰 도움이 되는 팥을 곁들여 먹는 것은 음식의 궁합으로 매우 합당하다고 평가할 수 있다.

노폐물과 독을 배출하고 각기 치료에 좋은 잉어와 팥을 이용한 음식으로 잉어미역국, 잉어찜, 동지팥죽 등을 권한다.

## 잉어미역국

| 재료 ● 4인분 | 만드는 법 |
|---|---|
| 잉어 · · · · · · · · · · · · · 1마리<br>미역 · · · · · · · · · · · · · 100g<br>마늘 · · · · · · · · · · · · · · 1통<br>참기름 · · · · · · · · · · · · 1큰술<br>간장 · · · · · · · · · · · · · 1큰술<br>소금 · · · · · · · · · · · · · 1작은술<br>깨소금 · · · · · · · · · · · · 1½큰술 | 1 미역은 찬물에 담가 불린다.<br>2 잉어는 내장과 비늘을 제거하고 깨끗이 씻어서 생강을 넣고 푹 삶아 뼈를 추려 내고 살을 발라 낸다.<br>3 1의 미역을 깨끗이 씻어서 3cm 길이로 잘라 참기름과 간장으로 양념한다.<br>4 냄비에 넣고 참기름을 두르고 달달 볶다가 2의 국물을 부은 다음 푹 달인다.<br>5 푹 달인 국물에 마늘을 다져 넣고 소금으로 간을 맞춘다. |

## 잉어찜

| 재료 ● 4인분 | |
|---|---|
| 잉어 | 1마리 |
| 소금 | 1큰술 |
| 술 | 1큰술 |
| 참기름 | 2큰술 |
| 달걀 | 2개 |
| 석이버섯 | 1개 |
| 실고추 | 5g |
| 잣 | 1큰술 |
| 소금 | 1작은술 |
| 식용유 | 2작은술 |

### 만드는 법

1 잉어는 비늘과 내장을 벗기고 깨끗이 씻어서 등에 칼집을 넣는다.
2 잉어에 소금과 술을 넣고 간을 한 다음 채반에 옮겨 2~3일 말린다.
3 잉어가 꾸덕꾸덕 마르면 한번 씻어 낸다.
4 찜통에 거즈를 깔고 잉어를 올린 다음 찐다.
5 잉어가 익으면 참기름에 소금을 약간만 넣어 잉어에 바르고 다시 찐다.
6 달걀을 노른자와 흰자로 분리하여 팬에 기름을 두르고 황백지단을 부친다.
7 황백지단은 4cm 길이로 채 썰고, 석이버섯도 말아서 채 썬다.
8 황백지단과 석이버섯채, 실고추와 잣을 잉어 위에 고명으로 올린다.

# 동지팥죽

| 재료 ● 4인분 |
|---|

붉은팥 · · · · · · · · · · · · · · · 1컵
찹쌀가루 · · · · · · · · · · · · · 2/3컵
멥쌀가루 · · · · · · · · · · · · · 1/3컵
소금 · · · · · · · · · · · · · · · 1작은술

### 만드는 법

1 팥을 깨끗이 씻어서 팥이 잠길 정도 물을 붓고 푹 삶아서 체에 내려 앙금을 만든다.
2 찹쌀가루와 멥쌀가루(재료의 반만 사용)를 섞어서 익반죽한 다음 둥글게 빚는다.
3 남은 멥쌀가루를 물에 개어서 냄비에 팥 앙금과 함께 넣고 눌러 붙지 않게 주걱으로 저으면서 끓인다.
4 끓으면 새알심을 넣고 다시 끓이다가 새알심이 떠오르면 불을 끄고 소금으로 간한다.

### 맛있는 Tip

**팥죽에 설탕을 넣는 시기**

단팥죽으로 먹으려면 먹기 전에 설탕을 기호대로 섞어 먹는다. 미리 설탕을 넣어 끓이면 삭아서 좋지 않다.

몸속 노폐물을 제거하는 해독 작용이 뛰어난 연근

# 장조(사도세자)
생몰 연도 1735~1762

영조의 둘째아들로 2세 때 세자에 책봉되었다. 서예와 시를 좋아했으며, 15세에 부왕을 대신하여 섭정을 대리할 정도로 정치력이 있었다. 하지만 정치적 견해가 달랐던 노론들과 영조의 계비 정순왕후의 무고로 영조에게 수시로 꾸짖음을 받았다. 그로 인해 궁녀를 죽이는 등의 정신 질환 증세를 보였고, 결국 아버지 영조의 분노를 사 뒤주에 갇힌 지 8일 만에 굶어 죽었다.

## 조선왕조실록 엿보기

### 석음재에 나가 약방의 세 제조를 인견하고 왕세자의 환후를 묻다
— 영조 36년 경진(1760, 건륭 25년) 7월 10일(임자)

임금이 석음재(惜陰齋)에 나아가서 약방의 세 제조를 인견(引見)하고 이후에게 묻기를, "경이 동궁을 친히 보았는가?" 하니, 이후가 말하기를, "신이 비로소 종처(腫處)를 보니 혹은 종(腫)을 이루었고 혹은 곪아 터졌습니다." 하였다. 임금이 말하기를, "여러 의관들은 무엇이라고 이르던가?" 하니, 이후가 말하기를, "온천에 목욕하는 것이 마땅하다고 하였습니다." 하였다. 임금이 말하기를, "비록 효과가 있을지라도 종종 다시 재발하니, 장차 어떻게 계속할 것인가?" 하고, 또 말하기를, "어제 온천 목욕을 금하는 교시를 내렸는데, 이제 내 아들임으로써 문득 허락하면 백성들이 나를 믿는다고 이르겠는가?" 하였다. 이어 하교하기를, "세자[元良]가 아직 조섭(調攝)하는 중에 있으니 마음에 간절히 민망스러운데, 들은즉 여러 의원들이 모두 온천 목욕을 청한다고 한다. 이 뜻은 내가 이미 있었고, 혹시 효력이 있는데 허락하지 아니하면 이는 어찌 아비가 된 도리이겠는가? 이로써 빙탄(氷炭)이 마음속에 섞여서 음식이 맛이 없고 잠자리도 편치 않다. 여러 의원의 말이 이와 같으면 무릇 어찌 버티고 어려워하겠는가마는, 이제 한더위를 당하여 조섭하는 중에 어떻게 말을 몰고 달리겠는가? 군병(軍兵)의 노상(勞傷)과 농민의 대후(待候)는, 아픔이 몸에 있는 것과 같다. 이를 돌아보지 않을 수 없으니, 처서(處暑)가 지나고 생량(生凉)한 뒤에 날을 가려 거행하라." 하였다. [上

御惜陰齋, 引見藥房三提調問李 曰: "卿親見東宮乎?" 曰: "臣始見薰處, 或成腫或破決矣." 上曰: "諸醫云何?" 曰: "溫浴爲宜云矣." 上曰: "雖有效, 種種復發, 將何以繼之乎?" 又曰: "昨下禁浴之敎, 而今以吾子旋許, 則百姓謂予信乎?" 仍敎曰: "元良尙在調攝中, 心切悶焉, 聞諸醫, 皆請溫浴云. 此意予已有之, 或有效而不許, 是豈爲父之道? 以此氷炭交中, 食不甘而寢不便. 諸醫之言若此, 則夫何持難, 玆當盛暑, 調攝之中, 何以驅馳? 軍兵之勞傷, 農民之待候, 若惆在己. 不可不顧, 處暑生凉後, 擇日擧行."]

## 왕세자가 김한로의 상소에 대하여 정홍순의 일은 불허하고 이성모는 허락하다

— 영조 37년 신사(1761, 건륭 26년) 2월 25일(을미)

왕세자가 덕성합(德成閤)에 좌정하자, 승지가 김한로(金漢老)의 글을 가지고 입대(入對)하였다. 하령하기를, "바람을 쏘일 수 없어 문을 열 수 없으니, 승지가 높은 소리로 그 글을 읽는 것이 좋겠다." 하였다. 읽기를 마치니, 답하기를, "진달한 바가 절실하고 옳으니, 마땅히 깊이 유념할 것이다. 그러나 정홍순(鄭弘淳)에 대한 일은 지난날 도정(都政)하느라 분주하였을 때에 잘못하여 이루어진 것인데, 논한 바가 너무 지나친 데 관계된다. 그리고 이성모(李聖模)에 대한 일은 아뢴 대로 시행하도록 하라." 하였다.[王世子坐德成閤, 承旨持金漢老書入對. 令曰: "不可以風, 不能開戶, 承旨高聲讀之可也." 讀訖, 答曰: "所陳切是, 當體念. 而鄭弘淳事, 向日都政奔走時做錯之致, 所論殊涉過矣. 李聖模事, 依施."]

## 분제조 김상익 등이 대조께 진현하는 일에 관하여 왕세자에게 아뢰다

— 영조 37년 신사(1761, 건륭 26년) 3월 27일(병인)

분제조(分提調) 김상익(金尙翼), 승지 박사눌(朴師訥), 사서(司書) 이창임(李昌任)이 소조(小朝)에 구대(求對)하여 예후(睿候)가 더욱 심해졌는가를 우러러 물으니, 하령하기를, "치통(齒痛)과 두통(頭痛) 및 복부(腹部)가 당기어 기동(起動)을 할 수가 없다." 하자, 김상익과 박사눌이 말하기를, "약원의 관원과 도위(都尉)가 아울러 직숙(直宿)하고 있으니, 저하께서 진현(進見)하는 의절을 하지 않을 수 없습니다." 하니, 하령하기를, "그렇다면 군사들을 초기(草記) 하여 출발하는 것이 마땅하다." 하자, 이창임이 말하기를, "절차에 구애받을 것은 없지만, 단지 시위(侍衛)로 빨리 행하는 것이 좋겠습니다." 하고, 박사눌은 말하기를, "만약 초기를 들여보낸다면 대조께서 〈소조의〉 병을 근심하여 아마도 허락하지 않을 염려가 있을 듯합니다." 하고, 김상익은 말하기를, "신이 보호하는 지위에 있으면서 예후(睿候)가 억지로 하기 어렵다는 것을 모르는 것은 아닙니다만, 이렇게 하지 않을 수 없습니다." 하니, 하령하기를, "연(輦)을 타고 떠나려 하는데, 누울 수 있겠는가?" 하자, 김상익이 말하기를, "모장(毛帳)으로 가리면 반드시 바람에 닿을 염려가 없을 것이며, 누워서 떠날 수도 있습니다." 하니, 이창임이 말하기를, "신이 진현 초기(進見草記)를 정원에 올려야 하는데, 내용 구성을 어떻게 하여야 하겠습니까?" 하였는데, 하령하기를, "단지 진현하겠다는 뜻을 정원의 〈승지로〉 하여금 은미하게 품(稟)하게 하되, 더디게 하는 것은 적합하지 않다." 하였다. 정원에서 진현하겠다는 하령(下令)으로써 품계(稟啓)하니, 임금이 하교하기를, "조리(調理)한다고 하면서 오는 것은 내가 더욱 마음이 쓰인다. 승지는 가서 즉시 유시하여 거행하지 말도록 하라." 하므로, 승지가 전교로써 소조에게 우러러 진달하니, 하령하기를, "지금은 병을 말할 시기가 아니지만 대조께서 이미 마음이 쓰인다는 하교가 계셨다. 그런데 억지로 거행하다가 만약 혹시라도 〈병이〉 더 심해진다면 대조께서 어떻게 더욱 마음을 쓰시지 않겠는가? [分提調金尙翼, 承旨朴師訥, 司書李昌任, 求對于小朝, 仰問睿候之添重, 令曰: "齒痛頭痛及腹部牽引, 不能起動矣" 尙翼·師訥曰: "藥院都尉, 竝直宿, 則邸下進見之節, 不可不爲也." 令曰: "然則軍兵當草記而發矣." 昌任曰: "不可拘於節次, 只以侍衛, 斯速行之可也." 師訥曰: "若入草記, 則大朝以惟疾之憂, 恐有不許之慮." 尙翼曰: "臣在保護之地, 非不知睿候之難强, 而不得不如是矣." 令曰: "乘輦作行, 可以容臥耶?" 尙翼曰: "遮以毛帳, 必無觸風之慮, 亦可以臥而行也." 昌任曰: "臣當以進見草記, 呈于政院, 而措語何以爲之乎?" 令曰: "只以進見之意, 使政院微稟, 亦不宜遲之也." 政院以進見下令稟啓, 上, 敎曰: "調理云而來, 則予尤用心. 承旨下去卽諭, 勿爲擧行." 承旨以傳敎, 仰達于小朝, 令曰: "卽今非言病之時, 而大朝旣有用心之敎. 强而行之, 若或添重, 大朝尤豈不用心耶?"]

## 동궁의 허물을 아뢴 나경언을 친국하고 복주하다

— 영조 38년 임오(1762, 건륭 27년) 5월 22일(을묘)

임금이 창문을 밀치고 크게 책망하기를, "네가 왕손(王孫)의 어미를 때려죽이고, 여승(女僧)을 궁으로 들였으며, 서로(西路)에 행역(行役)하고, 북성(北城)으로 나가 유람했는데, 이것이 어찌 세자로서 행할 일이냐? 사모를 쓴 자들은 모두 나를 속였으니 나경언이 없었더라면 내가 어찌 알았겠는가? 왕손의 어미를 네가 처음에 매우 사랑하여 우물에 빠진 듯한 지경에 이르렀는데, 어찌하여 마침내는 죽였느냐? 그 사람이 아주 강직하였으니, 반드시 네 행실과 일을 간하다가 이로 말미암아서 죽임을 당했을 것이다. 또 장래에 여승의 아들을 반드시 왕손이라고 일컬어 데리고 들어와 문안할 것이다. 이렇게 하고도 나라가 망하지 않겠는가?" 하니, 세자가 분함을 이기지 못하고 나경언과 면질(面質)하기를 청하였다. 임금이 책망하기를, "이 역시 나라를 망칠 말이다. 대리(代理)하는 저군(儲君)이 어찌 죄인과 면질해야 하겠는가?" 하니, 세자가 울면서 대답하기를, "이는 과연 신의 본래 있었던 화증(火症)입니다." 하매, 임금이 말하기를, "차라리 발광(發狂)을 하는 것이 어찌 낫지 않겠는가?" 하고, 물러가기를 명하니, 세자가 밖으로 나와 금천교(禁川橋) 위에서 대죄하였다. [上推聽大責曰: "汝搏殺王孫之母, 引僧尼入宮, 西路行役, 北城出遊, 此豈世子可行之事? 着帽之漢, 皆欺我, 微景彦, 予何得聞? 王孫之母, 汝初甚愛, 以至溺井之境, 何乃竟殺乎? 其人頗剛直, 必諫汝之行事, 由是見戮. 且將來僧尼之子, 必稱王孫, 入來問安矣. 如此而國不亡乎?" 世子不勝其憤, 請與景彦面質. 上責曰: "此亦亡國之言. 代理儲君, 豈與罪人面質乎?" 世子泣對曰: "此果臣之本病火症也." 上曰: "寧爲發狂, 則豈不反勝乎?" 命退出, 世子出外, 待罪于禁川橋上.]

## 내의원 진단

사도세자는 참으로 불운한 잠룡(潛龍)이었다. 영조를 대신하여 대리청정할 때의 업무 처리 또한 아주 훌륭했으며, 질병 치료차 온양행궁으로 행차했을 때도 그 덕망을 칭송하는 백성의 무리가 매우 많았다고 전해진다. 그런 그가 어찌하여 정신병자로 몰렸으며, 비참하게 뒤주에 갇혀 굶어죽게 되었을까. 이는 영조가 정권을 잡을 때 발생되었던 태생적 원죄 때문이었다. 영조의 전대 왕은 장희빈의 아들 경종이었는데, 왕의 생모인 장희빈을 죽음으로 몰고 갔던 그 당시 집권 세력인 노론은 왕의 보복이 두려워 하루빨리 경종을 없애야만 했다. 이것이 바로 무수리의 아들 영조가 왕위에 오를 수 있었던 이유였다. 영조가 경종을 독살하고 왕위에 올랐다는 설은 그 당시에도 널리 유포되었으며, 영조는 이 태생적 한계를 극복하기 위해 철저히 노론과 결탁해야만 했다. 여기에서 비극이 시작되었으니, 사리 분별력이 뛰어났던 사도세자는 노론에 대해 반대되는 정책을 고수했으며, 노론은 사도세자가 차기 왕이 되었을 때의 보복이 두려워 없애기로 결정한 것이다. 사도세자를 없애는 공작에는 정치적 위기감을 느낀 영조뿐만 아니라 심지어 세자의 아내인 혜경궁홍씨까지도 결탁했다. 이는 홍씨의 아버지가 노론의 영수였기 때문이었다. 따라서 혜경궁홍씨가 말년에 지은 《한중록》에는 사도세자가 정신병을 앓았으며, 왕이 되기 어려울 정도의 비행을 많이 저지르고 다닌 것으로 묘사되었던 것이다. 그러나 실제 실록에 기록되어 있는 사도세자의 질병은 한중록에서 설명하는 것과는 사뭇 다르다. 심한 종기를 앓아 온천 치료를 다녀왔으며, 치통과 두통과 복통이 심해 바깥바람 쐬는 것을 싫어할 정도였다고 기록되어 있다. 또한 평소 두려워하고 겁내는 증상을 가지고 있던 것을 알 수 있으며, 이는 영조와 노론에 대한 위기감에서 비롯되었던 것으로 보인다. 사도세자처럼 시험이나 발표 때 심약하여 겁을 많이 내는 증상도 한방 치료로 많이 호전될 수 있으므로 주치 한의사와 상담해 보면 좋은 결과를 얻을 수 있을 것이다.

## 수라간의 음식 처방 – 연근과 대추를 이용한 음식

### 연근전 / 연근조림 / 대추밤과일샐러드

연근의 주성분은 당질로 대부분이 녹말이다. 또한 일반 식물에는 적은 비타민$B_{12}$가 함유되어 있는 것이 특색이다. 연근의 끈적끈적한 성분은 뮤신이라고 부르는 성분으로 단백질의 소화를 돕고 위벽을 보호해 준다. 성인병을 예방하고 피부와 몸속 노폐물을 제거하는 해독 작용도 한다. 연근은 과일 못지않게 비타민C가 풍부하며 그 양은 100g당 레몬 1개의 양과 동일하다. 특히 연근의 비타민C는 녹말로 보호되어 있으므로 파괴되지 않고, 항암 효과가 높으며 항산화 성분으로 알려진 폴리페놀도 풍부하다. 적은 양을 섭취해도 체내 흡수가 느려 인슐린 소비가 적기 때문에 다이어트 식품으로 도움이 된다.

연근과 대추를 이용한 음식으로 연근전, 연근조림, 대추밤과일샐러드 등을 권한다.

### 연근전

| 재료 ● 4인분 |
|---|
| 연근 · · · · · · · · · · · · · · · 200g |
| 감자 · · · · · · · · · · · · · · · · · 2개 |
| 밀가루 · · · · · · · · · · · · · · 1/4컵 |
| 쑥갓 · · · · · · · · · · · · · · · · · 약간 |
| 식초 · · · · · · · · · · · · · · · · 1작은술 |
| 식용유 · · · · · · · · · · · · · · 5큰술 |
| 소금 · · · · · · · · · · · · · · · · 1작은술 |
| *양념장(진간장 1큰술, 통깨 1작은술) |

**만드는 법**

1. 연근 껍질을 벗겨 손질한 뒤 냄비에 물과 식초, 소금을 넣고 삶는다.
2. 감자는 껍질을 벗기고 잘게 4등분한다.
3. 연근과 감자를 믹서에 넣고 간다.
4. 3에 약간의 밀가루를 넣고 소금으로 간한다.
5. 팬에 기름을 두르고 뜨겁게 달궈 한 숟가락씩 떠 놓고 위에 쑥갓을 올려 지진다.
5. 전을 접시에 담고 양념장을 곁들여 낸다.

## 연근조림

| 재료 ● 4인분 |
| --- |

연근 · · · · · · · · · · · · · · · 200g
식초 · · · · · · · · · · · · · · · 1큰술
소금 · · · · · · · · · · · · · · · 1작은술
물 · 진간장 · · · · · · · · 각 1/3컵
물엿 · · · · · · · · · · · · · · · 2큰술
생강 · · · · · · · · · · · · · · · 2쪽

| 만드는 법 |
| --- |

1 연근을 껍질을 벗기고 두께 2~3cm로 썰어서 식초물에 담근 다음 소금을 넣고 삶는다.
2 물, 간장, 물엿에 생강을 편으로 썰어 넣고 조림간장을 만든 다음 연근을 넣고 약한 불에서 서서히 졸인다.

| 맛있는 Tip |
| --- |

**연근 보관법**
연근은 뿌리의 굵기와 크기가 일정한 것이 좋다. 껍질을 벗기자마자 색이 변하기 시작하므로, 식초를 탄 무에 담그면 갈변도 방지되고 아린 맛도 빼 주는 효과가 있다. 쓰다 남은 것은 랩으로 싸서 보관하고, 껍질을 벗기지 않은 것은 그대로 실온에 보관하면 된다.

# 대추밤과일샐러드

### 재료 ● 4인분

밤·····3개
대추·····10개
포도·····30알
양상·····100g
*참깨드레싱(통깨 1큰술, 설탕 2작은술, 마요네즈 1큰술, 소금 약간)

### 만드는 법

1 밤은 껍질을 벗겨 납작하게 썰고, 대추는 씨를 발라내고 2등분한다.
2 사과는 껍질째 씻어 밤 크기 정도로 썬다.
3 양상추는 씻어서 먹기 좋은 크기로 썰고 찬물에 담가 싱싱하게 준비한다.
4 분량의 참깨드레싱 재료를 분말기에 넣고 간다.
5 준비한 재료를 접시에 담고 드레싱을 끼얹는다.

[ 참고 자료 ]

홈페이지

국사편찬위원회 www.sillok.history.go.kr

민족문화추진회 www.minchu.or.kr

세계음식문화연구원 www.wfcc.or.kr

하늘땅한의원 www.okskyland.com

문헌

양향자(2004).《다이어트&건강요리 50선》, 크로바출판사

양향자(2006).《세계음식문화여행》(전5권), 크로바출판사

양향자(2006).《양향자의 북한요리 따라하기》, 크로바출판사

양향자(2007).《가장 배우고 싶은 국·찌개 40》, 북폴리오

양향자(2008).《푸드디자이너 양향자 교수의 색감으로 먹는 슈퍼칼라푸드》, 백산출판사

장동민(2004).《왕처럼 먹고 왕처럼 살아라》, 청아출판사

장동민(2007).《사상의학 바로 알기》, 살림출판사

허준(1996).《東醫寶鑑》, 남산당